Engel der Nacht

HERAUSGEGEBEN VON
BARBARA CRATZIUS

Engel der Nacht

*Wunderbare Geschichten
und Legenden
für die Advents-
und Weihnachtszeit*

HERAUSGEGEBEN VON
BARBARA CRATZIUS

HERDER
FREIBURG · BASEL · WIEN

Umschlaggestaltung: Finken & Bumiller, Stuttgart
Umschlagmotiv: Mauritius, Stuttgart
Bilder im Innenteil: Wolfgang Müller, Oberried

Alle Rechte vorbehalten – Printed in Germany
© Verlag Herder Freiburg im Breisgau 2000
Druck und Bindung: Freiburger Graphische Betriebe
Gedruckt auf umweltfreundlichem,
chlor- und säurefrei gebleichtem Papier
ISBN 3-451-27318-7

Inhalt

3 DER GEHEIMNISVOLLE MANN
AUS MYRA

4 FESTLICHE ZEIT

5 ERINNERUNGEN

6 IM ZEICHEN DES STERNS

Zum Geleit

»Alle Jahre wieder kommt das Christuskind« heißt es in einem alten Weihnachtslied.

Alle Jahre wieder begegnen uns die weihnachtlichen Zeichen, Symbole mit Tannengrün und Kerzen, mit Engeln und Sternen, mit dem guten alten Mann aus Myra, mit der Krippe im Stall und dem hellen Stern in dunkler Nacht.

In den Wochen vor Weihnachten suchen wir – inmitten der oft hektischen Vorbereitungen für das große Fest – nach Augenblicken der Stille, in denen wir diesen Zeichen und Geheimnissen der Weihnacht nachspüren können. Es wird gut tun, wenn wir uns in dieser Zeit ein bisschen Muße bereiten, um in den Geschichten großer Erzähler und Dichterinnen zu blättern, ihre wunderbaren Geschichten und Legenden neu zu entdecken und sie vielleicht auch einander vorzulesen.

Weihnachten – das ist jedes Jahr eine Zeit der Erinnerung. Und so finden Sie in diesem Buch sicher auch Texte, die Sie als Kind von Eltern, Großeltern oder in der Schule gehört und geliebt haben. Da tauchen Namen auf wie Selma Lagerlöf, Theodor Storm, Felix Timmermanns und Karl-Heinz Waggerl: Stimmen großer Poeten, die uns vom Geheimnis der Weihnacht erzählen. – Keine Zeit des Jahres hat Maler, Musiker und Dichter so inspiriert wie das Geschehen in weihnachtlichen Tagen.

So begegnen uns in diesem Buch Texte, die der Sehnsucht nach einer guten Welt, nach Freude und Frieden auf den Wegen der Weihnacht nachspüren. Es sind einige altvertraute und auch kaum bekannte ernste oder heitere Geschichten, die neugierig machen auf neue Aspekte dieser stillen Zeit des Jahres (Waggerl).

Die Geschichten könnten dazu anregen, in den Wochen vor Weihnachten einmal still bei einer Kerze zu sitzen, Tannenduft zu atmen, uns etwas Gutes zu tun und mit all unseren Sinnen die freundlichen Worte der Hoffnung aufzunehmen.

Mittelpunkt in weihnachtlichen Tagen ist das Kind in der Krippe, das die Engel den Hirten auf dem Feld von Betlehem in der Nacht angekündigt haben: Engel als Boten Gottes in dunkler Welt, Engel, die gerade in den Advents- und Weihnachtstagen nahe sein wollen, nahe den Menschen, die sich nach ihnen sehnen, wie es im griechischen Urtext heißt.

Gibt es aber überhaupt Engel, gibt es Boten Gottes? Die Sehnsucht nach Zuspruch, nach einem »Fürchtet euch nicht«, das der Engel in der Nacht den Hirten zugesprochen hat, ist bis heute lebendig: die Sehnsucht nach einer Botschaft, die Frieden, Liebe und Geborgenheit schenkt. Diese Sehnsucht wird in der Weihnachtszeit besonders lebendig. Sie kann neugierig und hellhörig machen für die kleinen Zeichen am Rande unserer Wege auf Weihnachten zu. Sie kann die Kunst entdecken lassen, langsamer zu leben.

Barbara Cratzius

1

ERWARTUNG
UND VERHEISSUNG

Und wir sehen schon den Stern

THEODOR FONTANE

Noch ist Herbst nicht ganz entflohn,
Aber als Knecht Ruprecht schon
Kommt der Winter hergeschritten,
Und alsbald aus Schnees Mitten
Klingt des Schlittenglöckleins Ton.

Und was jüngst noch, fern und nah,
Bunt auf uns herniedersah,
Weiß sind Türme, Dächer, Zweige,
Und das Jahr geht auf die Neige,
Und das schönste Fest ist da.

Tag du der Geburt des Herrn,
Heute bist du uns noch fern,
Aber Tannen, Engel, Fahnen
Lassen uns den Tag schon ahnen,
Und wir sehen schon den Stern.

Advent

KARL HEINRICH WAGGERL

Das ist die stillste Zeit im Jahr, wenn es Weihnacht wird – die Zeit der kindlichen Zuversicht und der gläubigen Hoffnung. Es mag ja nur eine Binsenwahrheit sein, aber es ist eine von den ganz verläßlichen Binsenweisheiten, daß hinter jeder Wolke der Trübsal doch immer ein Stern der Verheißung glänzt. Und daran trösten wir uns in diesen Wochen, wenn Nacht und Kälte unaufhaltsam zu wachsen scheinen. Wir wissen ja doch, und wissen es ganz sicher, daß die finsteren Mächte unterliegen werden, an dem Tag, mit dem die Sonne sich wendet, und in der Nacht, in der uns das Heil der Welt geboren wurde. Für die Leute in den Städten hat der Advent kein großes Geheimnis mehr, sie finden es nur unbequem und lästig, wenn die ersten Fröste kommen, wenn der Nebel in die Straßen fällt und das karge Licht des Tages noch mehr verkürzt. Aber der Mensch in den Bergen, in entlegenen Tälern und einschichtigen Höfen, der steht den gewaltigen Kräften der Natur noch unmittelbar gegenüber. Stürme toben durch die Wälder herab und ersticken ihm das Feuer auf dem Herde, er sieht die Sonne auf ihrem kurzen Weg von Berg zu Berg krank werden und hinsterben, grausam finster sind die Nächte, und der Schneedonner schreckt das Wild aus seinen Zufluchten. Noch in meiner Kindheit gab es kein Licht in der Stube außer vom Kienspan oder einer armseligen Talgkerze. Der Wind rüttelte am Fenster und schnaufte durch die Ritzen, das hörte sich an wie der Atem eines Ungeheuers, das draußen herum ging und überall schnupperte, einmal an der Wand und dann an den Dachschindeln, und plötzlich hörte man den Brunnen nicht mehr, da trank wohl das nächtige Tier von dem Wasser. Unheimlich war das, gottlob, daß ein Licht dabei brannte, gottlob für diesen winzigen Funken Licht in der schrecklichen Finsternis!

Für mich begann damals der Advent immer mit dem Sonntag, an dem der Vater die Krippe herausräumte. Es war ja alles längst bekannt und vertraut und doch jedesmal wieder aufregend genug, der hohe Berg, mit glänzendem Flitter angeschneit, die Burg und darunter der Stall in einer Tuffsteingrotte. Darin kniete die Liebe Frau selber, ihr Gesicht war aus Wachs geformt, schön rosig blühten ihre Wangen, und die Augen waren zwei blaue Glasperlen, mit denen schaute sie verwirrt ins Leere. Auf der Strohschütte lag das nackte Himmelskind, und dahinter standen Ochs und Esel und beglotzten das Wunder. Jedes Jahr durfte ich dem Ochsen ein Büschel Heu ins Maul stecken, aber er fraß es ja nie, er schaute nur und schaute und begriff es nicht. Weil der Vater selber Zimmermann war, ließ er auch seinen Patron, den hl. Josef, nicht nur so herumstehen, er dachte sich jedesmal ein anständiges Geschäft für ihn aus und ließ ihn Holz klieben oder die Suppe kochen oder mit der Laterne die Leute hereinweisen, die von überall her gelaufen kamen und Käse mitbrachten oder Brot oder auch ein Lämmchen, das sie vor sich herschoben. Es hauste freilich ein recht ungleiches Volk in unserer Krippe, nicht nur Hirten, auch etliche Zinnsoldaten und der Fürst Bismarck und überhaupt alle Bresthaften aus der Spielzeugkiste, die sich das Jahr über ein Ausgedinge verdient hatten. Oben hinter den Zinnen der Burg durfte immer mein grüner Frosch aus Seife sitzen, ihm machte es nichts aus, ein paar Wochen lang für einen Hund zu gelten. Ganz zuletzt kam der Augenblick, auf den ich schon tagelang gelauert hatte. Der Vater klemmte plötzlich meine Schwester zwischen die Knie, und ich durfte ihr das längste Haar ausziehen, ein ganzes Buschel, versteht sich, damit man genügend zur Auswahl hatte. Denn an solch ein Haar wurde ein golden gefiederter Engel geknüpft, damit er sich unmerklich drehe und wachsam umherblicke. Das Gloria sangen wir selber, der Vater hatte uns sogar einen Vers dazu gemacht. Es klang vielleicht ein bißchen grob und einfältig in unserer breiten Mundart, aber Gott schaut seinen Kindern ja ins Herz und nicht auf das Maul, und es ist auch gar nicht so, daß er etwa nur Latein verstünde.

Immer am 21. Dezember, bedeutsamerweise am Tag des ungläubigen Thomas, mußte der Wunschbrief an das Christkind geschrieben werden, ohne Kleckse natürlich, und mit keinen andern Schreibfehlern als solchen, die die Mutter selber machte, und sauber mit Farben ausgemalt. Zuoberst verzeichnete ich anstandshalber das, was ohnehin von selber eintraf. Fäustlinge, ein Hemd und Strümpfe. Darunter aber schrieb ich Jahr für Jahr mit hoffnungsloser Geduld den höchsten meiner Träume, den Anker-Steinbaukasten, ein Wunderwerk, nach allem was man davon hörte. Ich glaube heute noch, daß aus ihm sogar die Architekten zu Anfang des Jahrhunderts ihre Eingebungen holten. Aber ich selber bekam ihn nie, wahrscheinlich wegen der ungemein genauen himmlischen Buchführung, die alle meine Sünden sorgfältig verzeichnete, gestohlene Zuckerstücke und zerbrochene Fensterscheiben und ähnliche Missetaten, die sich in etlichen Wochen auffälliger Frömmigkeit vor Weihnachten auch nicht mehr abgelten ließen.

Wenn mein Wunschzettel fertig vor dem Fenster lag, mußte ich aus brüderlicher Liebe auch noch den für meine Schwester schreiben. Ungemein zungenfertig plapperte sie von einer Schlafpuppe, einer Wiege, einem Kramladen, von lauter albernem Zeug. Da und dort schrieb ich ein heimliches »Muß nicht sein« dazu, aber vergeblich. Am heiligen Abend konnte sie doch eine Unmenge von Früchten ihrer Unverschämtheit unter dem Christbaum ernten. Und ich mußte mich tagelang damit plagen, einige von ihren Sachen so weit zu ruinieren, daß sie für mich noch zu brauchen waren.

Die Adventsabende wären nicht denkbar gewesen ohne ein feierliches Lied, wenn es auch natürlich nicht immer so gut geraten konnte wie in jener ersten Heiligen Nacht, als die Engel das Gloria vom Himmel herunter sangen. Sogar bei uns daheim, obwohl wir keine sehr musikalische Familie waren, stellten wir uns alle vor den brennenden Kerzen auf, und dann stimmte die Mutter das Lied vom Tannenbaum an. Aber wir kamen kaum einmal über eine Strophe hinaus. Schon bei den ersten Tönen fing meine Schwester aus übergroßer Ergriffenheit zu schluchzen an. Der Vater hielt ein paar Takte länger aus, bis er merkte, daß das, was er hören ließ, gar nicht in dieses Lied passte. Ich selber aber konnte in meinem verbohrten Grübeln, wieso denn eine Fichte ihrer grünen Blätter wegen gepriesen wurde, die zweite Stimme nicht halten. Daraufhin brachte die Mutter auch mich mit einem Kopfstück zum Schweigen und sang das Lied als Solo zu Ende, wie sie es gleich hätte tun sollen.

Heutzutage weiß man nicht mehr viel von alten Weihnachtsbräuchen, wie etwa das Anglöckeln einer war. Ich wüßte nicht zu sagen, was für ein tieferer Sinn in dieser Sitte liegen könnte, vielleicht steckt wirklich noch ein Rest von Magie aus der Heidenzeit dahinter, wie manche Gelehrte meinen. Meine Mutter jedenfalls hielt dafür, daß es ein frommer Brauch sein, und deshalb durfte auch ich mit meiner Schwester und dem Nachbarbuben auf die Reise gehen. Was dazu an Verkleidung nötig war, besorgte der Vater mit einer unerschöpflichen Phantasie. Unter seinen Händen verwandelten wir uns in seltsame Zwitterwesen, halb Engel, halb Gespenst. Aber uns machte es weiter kein Kopfzerbrechen, wen wir eigentlich darstellen sollten, die Heiligen Drei Könige oder bloß etliche von den vierzig Räubern. Das Wichtigste an der ganzen Ausrüstung war jedenfalls ein geräumiger Sack. Mit dem zogen wir abends von Tür zu Tür und sangen, was uns gerade einfiel, Heiliges und Unheiliges durcheinander. Manchmal kam gleich ein ungehobelter Hund dazwischen, der uns an die Beine fuhr, statt andächtig zuzuhören, aber gewöhnlich konnten wir mit dem Erfolg zufrieden sein, aus Gründen freilich, die ich damals nicht richtig einschätzte. Denn die Leute stürzten sofort an die Türen, wenn wir unseren Gesang anstimmten, und stopften uns eilig Kletzenbrot und Äpfel in den Sack, nur damit wir gleich wieder aufhörten und weiterzögen. Das taten wir auch bereitwillig, sobald unsere Fracht genügend angewachsen war. Ich wollte, es wäre dabei geblieben, und meine Zuhörer belohnten mich auch heute noch dafür, daß ich schweige.

Advent, sagt man, sei die stillste Zeit im Jahr. Aber in meinem Bubenalter war es keineswegs die stillste Zeit. Zu Anfang Dezember, in den unheimlichen Tagen, während Sankt Nikolaus mit dem Klaubauf unterwegs war, wurde ich in den Wald geschickt, um den Christbaum zu holen. Mit Axt und Säge zog ich aus, von der Mutter bis zum Hals in Wolle gewickelt und mit einem geweihten Pfennig versehen, damit mich ein heiliger Nothelfer finden konnte, wenn ich mich etwa verirrte. Ein Wunder von einem Baum stand mir vor Augen, mannshoch und sehr dicht beastet, denn er sollte nachher ja auch etwas tragen können. Stundenlang kroch ich im Unterholz herum, aber ein Baum im Wald sieht sich ganz anders an als einer in der Stube. Wenn ich meine Beute daheim, endlich in die Waschküche schleppte, hatte sich das schlanke, pfeilgerade Stämmchen doch wieder in ein krummes und kümmerliches Gewächs verwandelt, auch der Vater betrachtete es mit Sorge. Er mußte seine ganze Zimmermannskunst aufwenden, um das Ärgste zurechtzubiegen, ehe uns die Mutter dazwischenkam.

Ach, die Mutter! In diesen Wochen lief sie mit hochroten Wangen herum, wie mit Sprengpulver geladen, und die Luft in der Küche war sozusagen geschwängert mit Ohrfeigen. Dabei roch die Mutter so unbeschreiblich gut, überhaupt ist ja der Advent die Zeit der köstlichen Gerüche. Es duftet nach Wachslichtern, nach angesengtem Reisig, nach Weihrauch und Bratäpfeln. Ich sage ja nichts gegen Lavendel und Rosenwasser, aber Vanille riecht doch eigentlich viel besser, oder Zimt und Mandeln.

Mich ereilten dann die qualvollen Stunden des Teigrührens. Vier Vaterunser das Fett, drei die Eier, ein ganzer Rosenkranz für Zucker und Mehl. Die Mutter hatte die Gewohnheit, alles Zeitliche in ihrer Kochkunst nach Vaterunsern zu bemessen, aber die mußten laut und sorgfältig gebetet werden, damit ich keine Gelegenheit fände, den Finger in den köstlichen Teig zu tauchen. Wenn ich nur erst den Bubenstrümpfen entwachsen wäre, schwor ich mir damals, dann wollte ich eine ganze Schüssel voll Kuchenteig aufessen, und die Köchin sollte beim geheizten Ofen stehen und mir dabei zuschauen müssen! Aber leider, das ist einer von den Knabenträumen geblieben, die sich nie erfüllt haben.

Am Abend nach dem Essen wurde der Schmuck für den Christbaum erzeugt. Auch das war ein unheilschwangeres Geschäft. Damals konnte man noch ein Buch echten Blattgoldes für ein paar Kreuzer beim Krämer kaufen. Aber nun galt es, Nüsse in Leimwasser zu tauchen und ein hauchdünnes Goldhäutchen herumzublasen. Das Schwierige bei der Sache war, daß man vorher nirgendwo Luft von sich geben durfte. Wir saßen alle in der Runde und liefen blaurot an vor Atemnot, und dann geschah es eben doch, das plötzlich jemand niesen mußte. Im gleichen Augenblick segelt eine Wolke von glänzenden Schmetterlingen durch die Stube. Einerlei, wer den Zauber verschuldet hatte, das Kopfstück bekam jedenfalls ich, obwohl es nur bewirkte, daß sich der goldene Unsegen von neuem in die Lüfte hob. Ich wurde dann in die Schlafkammer verbannt und mußte Silberpapier um Lebkuchen wickeln – ungezählte Lebkuchen!

Es kam endlich doch der Heilige Abend, und mit ihm die letzte der Prüfungen, das Bad in der Küche. Das fing ganz harmlos

an, ich saß im Zuber wie ein gebrühtes Schweinchen und plät-
scherte verschämt mit dem Wasser, in der Hoffnung, daß ich nun
doch schon groß genug sei, um der Schande des Gewaschenwer-
dens zu entgehen. Aber plötzlich fiel die Mutter wieder mit der
Reisbürste über mich her, es half nichts, kein Gezeter und Ge-
spreize. Erst in der äußersten Not erbarmte sich der Vater und
nahm ein bis zur Unkenntlichkeit entstelltes, ein durchscheinen-
des Geschöpf in seine Arme. Da war sie nun wirklich, die stillste
Zeit im Jahr, wirklich Stille und Friede und köstliche Geborgenheit an seiner breiten Brust. Später, wenn die Kerzen am Baum
längst erloschen waren, um die Mitternacht, durfte ich die Mutter zur Mette begleiten. Ich weiß noch gut, wie stolz ich war, als
sie mich zum ersten Mal nicht mehr an der Hand führte, sondern
neben sich hergehen ließ als ihren Sohn und Beschützer. Auch in
der Kirche kniete ich nun auf der Männerseite. Die Frauen sangen auf dem Chor, und der Pfarrer am Altar hielt eine Weile inne,
um das Weihnachtslied anzuhören, diese holde Weise von der
stillen Nacht, die schon so lang, über Grenzen und Zeiten hinaus,
das Gemüt der Menschen bewegt. Heute liegt das alles weit zurück, aller Weihnachtsglanz der Kindheit. Aber die Christnacht ist
immer noch voll von Geheimnissen, sie bleibt die Nacht der
Offenbarungen. Ich trete vor das Haus, lang vor Mitternacht, ich
schaue empor, das Licht der Gestirne stürzt mir in die Augen,
aber alles ist still, alles hält den Atem an und wartet auf das Wunder. Auf den Höhen sehe ich schwebende Lichter, als hätten sich
Sterne vom Himmel gelöst und wanderten nun ins Tal. Das sind
die Kienfackeln und die Laternen der Leute, die vom Berg herab
zur Mette gehen. Im letzten Jahr, als ich selber den verschneiten
Bach entlang lief, da fand ich eine erfrorene Kuckucksblume,
unzählige braune Samenkörner rieselten in meine Hand. Und
während ich sie weit verstreute, dachte ich so vor mich hin, wie
tröstlich es doch ist, daß sich Gottvater nicht auch von den Ergeb-

nissen unserer Wissenschaft erschrecken läßt, sondern daß er nach wie vor nur seinen Kuckucksblumensamen erzeugt.

Ich ging aber weiter, und plötzlich schlugen die Glocken an und läuteten freudevoll zusammen. Gloria! sang der Pfarrer in der Kirche mit aller Gewalt – Gloria in excelsis Deo! Und die Leute fielen ins Knie, und es waren wieder Hirten und Bauern wie damals in der gesegneten Stunde. Nun ja, Hirten, – aber wir, meine Freunde? Leben wir nicht auch in einer Weltzeit des Advent? Scheint uns nicht alles von der aufkommenden Finsternis bedroht zu werden, das karge Glück unseres Daseins? Wir warten bang auf den Engel mit der Botschaft des Friedens und überhören so leicht, daß diese Botschaft nur denen gilt, die guten Willens sind. Es ist keine Hilfe und keine Zuflucht bei der Weisheit der Weisen und bei der Macht der Mächtigen. Denn der Herr kam nicht zur Welt, damit die Menschen weiser, sondern damit sie gütiger würden. Und darum sind es allein die Kräfte des Herzens, die uns vielleicht noch werden retten können.

Karl Heinrich Waggerl

Ungewöhnliche Leute vor der Krippe

HELMUT THIELICKE

Auf dem Bücherbord gegenüber meinem Schreibtisch steht fast jedes Jahr, wenn es Weihnachten wird, ein kleines Photo, das mir besonders lieb ist. Ich habe es so aufgestellt, daß während der Arbeit mein Blick hin und wieder darauf fällt. Es hat gar keinen Kunstwert. Irgend jemand hat nur die Szene eines weihnachtlichen Krippenspieles geknipst. Auch der Aufbau dieser Szene zeigt keineswegs das, was man großes Theater nennt. Man sieht eine größere Schar meist jüngerer Männer in langen weißen Gewändern und mit Kerzen in der Hand auf einen Altar zuschreiten. Auf diesem Altar, ganz offensichtlich ein Produkt der Gründerzeit und also in ästhetischer Hinsicht keineswegs erbaulich, stehen, knien und liegen vier Männer, die der herannahenden Schar mit höchsten Erschrecken entgegensehen. Der eine hält die Hand vor die Augen, als ob er geblendet wäre, ein anderer scheint in Deckung zu gehen, und ein Dritter macht eine Geste der Kapitulation. Es ist ganz klar, was hier gemeint ist: Die weißgekleideten Gestalten sind die himmlischen Chöre der Engel, und die vier Männer auf dem Altar sind die verwetterten und erschreckten Hirten.

Manchmal greift einer meiner Freunde, wenn er mich besucht, nach dem Bild und fragt ein wenig erstaunt: Warum hast du gerade das hier stehen? Meist sieht er ein bißchen hilflos aus, wenn er so fragt, denn der Takt verbietet ihm, noch hinzuzufügen: Und dazu noch ein so gewöhnliches Bild – ein Bild ohne jeden Kunstverstand!

In solchen Fällen lasse ich meine Besucher gern etwas raten und frage sie: »Ja, was meinen Sie denn wohl, wer diese Leute hier sind?« Es ist dann sehr eigenartig, wie fast alle die gleiche Antwort geben. Sie sagen nämlich: Ja – wer das wohl ist? Jedenfalls fällt einem der gesammelte, der geradezu ergriffene Gesichtsausdruck der Darsteller auf. Sie sind offenbar ganz »dabei«, und es ist für sie sicher sehr viel mehr als bloßes Spiel. Wahrscheinlich sind es wohl Leute aus einer christlichen Gemeinde, vielleicht ein Kerntrupp dieser Gemeinde. – Einer meint sogar, es sei womöglich eine Diakonenschule oder so was Ähnliches.

Ich kann es dann manchmal kaum erwarten, bis ich das Ratespiel beenden und ihnen reinen Wein einschenken kann. – »Sie haben gründlich vorbeigeschossen«, sage ich ihnen dann. »Aber ich verstehe, wie Sie zu Ihrer Vermutung kamen. Die Leute sind wirklich dem Weihnachtswunder nahe und haben es in ihr Herz geschlossen. Sie spielen ihre Andacht keineswegs, sondern sie sind wirklich ›dabei‹. Aber es ist kein christlicher Männerverein und auch keine Diakonenschule. Es ist die Aufnahme von einer Weihnachtsfeier in der Vollzugsanstalt B ... Ich habe da vor einiger Zeit mal zu den Gefangenen gesprochen und sie in ihren Zellen besucht. Sie hörten zu – nun, ich kann nur sagen: wie Verdurstende. Der Gefangenen-Pfarrer schenkte mir dann dieses Bild. Ich kann mich nicht mehr davon trennen. ›Seh'n sie diesen Jungen hier‹, sagte mir damals der Pfarrer, ›der hat um einer Armbanduhr willen im Streit seinen Freund erschlagen. Dem ist nun schon Jahr für Jahr immer die gleiche Szene anvertraut. Er kniet vor der Krippe und sagt: Ich lag in tiefster Todesnacht, du warest meine Sonne ... Ich sage Ihnen: Wenn sie das aus diesem Munde hören, geht es Ihnen durch und durch‹.«

Warum ist mir dieses Bild so nahegegangen, und warum geht es meinen Besuchern auch nahe? Ich frage mich durchaus selbstkritisch, ob sich in dem, was mich da beeindruckt, nicht eine gewisse Anfälligkeit für Sentimentalität und Kitsch melden könnte. Der Schimmer der weihnachtlichen Kerzen und das milde Fest der Liebe in Kontrast zu Mördern und Gewaltverbrechern, die hier als Engel maskiert sind, diese Melodramatik könnte Courths-Mahler näherstehen als dem Evangelisten Lukas. Aber ich fürchte: Mit dieser snobistischen Deutung würde ich nur von mir abtun wollen, was mich in einer viel tieferen Schicht meines Ichs angerührt, was mich nämlich ins Herz (und keineswegs nur ins Nervensystem!) getroffen hat. Denn das Wunder, das auf diesem Bilde festgehalten wurde, ist doch dies: Hier wandern Menschen aus einer sehr düsteren Vergangenheit auf die Krippe zu, und das Weihnachtslicht trifft ihr verpfuschtes Leben. Indem es sie aber so trifft, leuchten sie davon auf. Denn obwohl sie aus verschlossenen Zellen kommen und nachher hinter Schloß und Riegel zurückkehren, dürfen sie nun unter dem geöffneten, unter dem »entriegelten« Himmel stehen. Von einigen unter ihnen habe ich erfahren, daß sie, wie der verlorene Sohn am Schweinetrog, kehrtgemacht, daß sie dies segnende Licht zu glauben gelernt haben und unter ihm neue Menschen geworden sind. Sie spielen nun nicht mehr, sondern es ist ihnen Ernst. Sie sagen auch keine eingetrichterten Verschen auf, sondern sie bekennen. Und wenn der eine sagt: »Ich lag in tiefster Todesnacht, du warest meine Sonne« – dann ist es ein Wunder. Vielleicht denkt jetzt der eine oder andere Leser: Eigentlich ist es ein harter Brocken, den er uns da zumutet. Sicher sollen die Kriminellen auch ihre Seelsorge und meinetwegen auch ihre Weihnachtsfeier haben, damit sie in sich gehen. Aber mich als seriösen Bundesbürger mit denen auf eine Stufe zu stellen, das heißt denn doch, das Christliche zu überstrapazieren!

Es wäre in der Tat falsch und auch gar nicht im Sinne des Weihnachtsevangeliums, wenn man alle Unterschiede zwischen Begabten und Dummen, Tüchtigen und Versagern, Redlichen und Spitzbuben einebnen wollte. Es geht hier um etwas ganz anderes, und ich will es in zwei verschiedenen Gedanken auszudrücken versuchen:

Es geht einmal darum, daß Gott an Weihnachten zu uns in die Tiefe kommt. Ich muß nicht erst religiöse Gefühle und es innerlich und äußerlich zu etwas gebracht haben, damit er zu mir kommt. Er kommt in den Stall, zu den Trostlosen, Kranken und Verzweifelten, er wandert mit in den Flüchtlingstrecks, und wenn in meiner letzten Stunde einmal alle und alles mich verläßt, dann kann ich sagen: »Wann ich einmal soll scheiden, so scheide nicht von mir.« Denn auch in das dunkle Tal des Todes ist er gekommen. Krippe und Kreuz sind aus demselben Holz.

Und dann noch das Zweite: Irgendwo in seinem Leben ist jeder von uns arm. Vielleicht sieht man das nach außen nicht. Denn wir Menschen wissen sehr wenig voneinander. Vielleicht sorge ich mich oder habe eine Schuld auf mich geladen oder bin krank oder bin von verzehrenden Wünschen gepeitscht, die nie in Erfüllung gehen. Die Gefangenen auf dem Bild stellen diese eine Seite in mir dar. Was bei mir ein verborgenes Dunkel ist, das ist bei ihnen zum Ausbruch gekommen. Aus diesem Dunkel war kein Licht herauszuholen. Hier waren nur Finsternisse, Labyrinthe und ausweglose Sackgassen. Aber nun steht der Widerschein eines anderen Lichtes auf ihren Stirnen. Längst ehe sie zu fragen begannen, ob es für sie noch Sinn und Hoffnung gebe, war schon jemand zu ihnen unterwegs. Weihnachten sagt uns: Gott holt uns ab, ganz gleich, wo wir stehen. Und wenn alles zu Ende zu sein scheint, beginnen erst die Möglichkeiten Gottes.

Darum wird Weihnachten am ehesten von denen verstanden, die keine menschliche Hoffnung mehr haben. Man braucht nur die Kummerspalten der Presse zu lesen, um zu wissen, wie viele das sind. Selbst wenn sie sich von Gott verlassen fühlen, wenn er längst von einem bodenlosen Nichts verdrängt zu sein scheint, können sie noch mit einem letzten Gedanken begreifen, daß hier jemand ist, der für sie da sein wollte und der die Solidarität mit ihnen nicht verschmähte.

Helmut Thielicke

In James Baldwins Roman »Eine andere Welt« kommt das in einer weltlichen, fast allzu weltlichen Weise und obendrein in einem Stil zum Ausdruck, der bei christlichen Ansprachen bestimmt nicht üblich ist: Der junge Neger Rufus hat ein verpfuschtes Leben voller Irrungen und Wirrungen hinter sich. Was er als Kind geglaubt und was ihn lange zuvor in väterliche Geborgenheit gehüllt hatte, ist längst für ihn verschwunden und unreal geworden. Nun steht er auf einer Brücke bei New York in eisiger Kälte und wird im nächsten Augenblick seinen Todessprung tun. Da schaut er noch einmal zum Himmel auf (den es doch gar nicht mehr gibt!), und in wilder Verzweiflung bricht der Fluch aus ihm heraus auf alles, was ihm einmal Bergung schenkte und nun für ihn verloren ist: »Du Lump«, dachte er, »du kotzdreckiger, bin ich nicht auch dein Kind?« Und dann, als er gesprungen war und durch die Luft sauste: »Mag's denn sein, du kotzdreckiger, gottallmächtiger Lump, ich komme zu dir.«

Lassen wir das Schaudern ruhig einmal über unsere Haut kriechen, wenn wir diese Ungeheuerlichkeiten hören. Aber dann sollten wir die Frage stellen: Hätte er sich und Gott so verfluchen, ihn gleichzeitig aber mit »Du« anreden und ihm seine Ankunft ankündigen können, wenn ihn nicht das Geheimnis von Weihnachten angerührt hätte – jenes Geheimnis, das ihn wissen ließ: Ich klebe im Schlamm meiner Verpfuschtheit fest, ich fühle keinen Himmel mehr. Es gibt aber einen, der nicht im Himmel geblieben, sondern zu mir in diesen Schlamm gekommen ist. Darum wird er aus meinem verruchten Gebrüll noch die Stimme des Kindes heraushören, das Heimweh nach ihm hat. [...]

Vielleicht muß man einmal das Weihnachtsfest so verfremden, um inmitten des Breis von Sentimentalität und Zuckerguß die harte Substanz zu finden, die es enthält. Denn sein Sein ist nicht die Verneblung des Gemüts, sondern der Trost des Herzens, das sich verloren weiß.

Eine Geschichte — einfach und streng

HEINRICH ALBERTZ

Ja, ich kann meine Erfahrungen mit dieser herrlichen und zugleich unsäglichen Geschichte schon mitzuteilen versuchen.

Zuerst: Ich habe sie als Kind auswendig lernen müssen. Unter dem brennenden Weihnachtsbaum war sie aufzusagen mit allen schwierigen Worten: »Quirinius — schwanger«. Der Gabentisch war noch mit einem Tuche zugedeckt. Ich blieb oft stecken, weil ich versuchte herauszubekommen, was unter der Decke lag. Ich mußte die ganze Geschichte aufsagen bis zur Rückkehr der Hirten zu ihren Herden. Ich war ein Einzelkind. Meine Kinder hatten es besser. Es waren drei, so hatte jedes nur ein Drittel der Mühe.

Aber es war schon gut, den Text gleichsam mit der Muttermilch aufzunehmen. Er hielt nun ein Leben lang. Er gehört für mich zu den sieben oder acht Abschnitten der Bibel, die gewissermaßen abrufbar sind, unverlierbar, unvergeßlich, unbeirrbar. Das ist sehr merkwürdig. Diese einfache Geschichte. Dieser zur Legende gestempelte Versuch, das Unbeschreibliche zu beschreiben. Dieser Traum vom Frieden, dem völligen, unteilbaren Frieden.

Ich habe wohl zwei Dutzend Mal über den Text zu predigen versucht. Dabei kann man gar nicht ernsthaft »über ihn« predigen. Meine einfache Bauerngemeinde in Oberschlesien hat das wohl geahnt. Sie ließ am Heiligen Abend ihren Pastor nur die Geschichte vorlesen, langsam und auch in drei Abschnitten, kein Wort darüber hinaus; natürlich auch, weil die Kirche kalt und dunkel war und das Vieh auf die Fütterung wartete.

Man kann die Geschichte nur nacherzählen — oder man kann über die eine oder andere Gestalt, über diese oder jene Szene nachdenken und sie in die Welt stellen, in der wir leben! Wer noch von Augustus und Quirinius redet? Was sie wohl in dieser Nacht geträumt haben mögen? Von den Eltern kann man reden, von den Hirten, von den Tieren. Von den Engeln schon gar nicht mehr. Nur von dem, was sie sangen.

Ja, und von dem Kinde. Von dem Kinde immerzu. Daß Gott ein Kind wurde und ein Kind Gottes Sohn. Und was dies wohl mit unsern Kindern und Enkeln zu tun haben könnte, die wir nun mit immer schrecklicheren Waffen dem Untergang weihen. Und was und wer aus dem Kind wurde, welcher Mensch, welcher einmalige Mensch, und wie er starb. Und wer ihn umbrachte – und warum.

Man hat also ein Leben lang zu tun, um über die Geschichte nachzudenken. Sie wechselt ihre Farben und ihr Gesicht und bleibt doch immer die gleiche. Das letzte Mal mit seiner Mutter sie zu hören, das erste Mal mit seiner Frau, das erste Mal mit einem eigenen lebenden Kind, das erste Mal im Krieg. Und dann 1945, als alles vorüber war und ich mit Hunderten von Flüchtlingen in einer fremden Kirche, in einer fremden Stadt die Geschichte hörte, dieselbe Geschichte wie zu Hause, das es nun nicht mehr gab. Sentimentalitäten? Nun, warum nicht?

Dabei ist es ja eine unglaubliche, eine strenge Geschichte. Nicht der Kaiser, sondern dies Kind. Kein königlicher Palast, sondern der Stall. Nicht die Würdenträger des Landes, sondern die Hirten. Nicht die Macht der Menschen, sondern Gottes Macht. Nicht Gewalt, sondern Friede. Nichts Riesiges, sondern ein Winzling – mein Herr und mein Gott.

Die Welt wird auf den Kopf gestellt. Alle Maße werden verändert, radikal verändert. Du brauchst nur zu rühren an diese Geschichte, und du berührst den starken Strom der Freiheit der Kinder Gottes. Nichts von Idylle. Genau genommen: Revolution.

Und das mit diesen Bildern. Maria mit dem Kinde, die erschrockenen Männer auf dem Felde, das Blöken der Schafe – und ein ferner Kaiser, der schläft und nicht weiß, daß dieses Kind sein Kaiserreich zerbrechen wird.

Und Licht, viel Licht, unbeschreibliches Licht.

Das sind meine Erfahrungen mit dieser Geschichte. Ich möchte sie mir vorlesen lassen, wenn ich sterbe, sie und den Bericht von Jesu Tod.

Heinrich Albertz

Er löscht einen Brand

MANFRED HAUSMANN

Es klingt beinahe wie ein kleines Engelskonzert, das gedämpfte Cembalospiel der Mutter, Görges lullende Blockflöte und der Gesang der andern drei, Christophs, Violas und Martins, die um den runden Tisch herum sitzen. Draußen wird es schon dämmerig. Auf dem Tisch liegt der Adventskranz. Zwei von denn vier Kerzen brennen mit stiller Flamme.

Sie singen »Kommet, ihr Hirten ...« Da Martins Stimme immer etwas hinter den andern zurückbleibt, stößt Viola ihn an und macht mit der Hand eine Bewegung, die besagt, er möge ein bißchen schneller singen. Aber er schneidet nur, ohne sich in seinem Zeitmaß beirren zu lassen, eine Grimasse zu ihr hinüber. Dann starrt er wieder in die Kerzenflamme und vereint seine hohe, kindliche Stimme, so gut er es versteht, mit dem silbrigen Rauschen des Cembalos, mit den reinen Stimmen der beiden andern und mit dem süßen Gesang der Blockflöte.

Während des nächsten Liedes »Als ich bei meinen Schafen wacht'« bricht er einen kleinen Tannenzweig vom Adventskranz ab und hält ihn über die Kerze. Die Nadeln dampfen, glühen und krümmen sich, ein bläuliches Flämmchen erscheint, mit einem Male erfolgt ein schwacher Knall, die Knospe an der Spitze des Zweiges zerspringt. Funken sprühen umher und fallen auf die Tischdecke. Viola tupft sie schnell aus und gibt Martin einen Klaps auf die Hand.

»Wo bleibt Viola denn?« ruft die Mutter vom Cembalo her.

»Ich habe eben nicht aufgepaßt. Entschuldige bitte! Martin treibt hier nämlich dummes Zeug.«

»Gaanich dummes Zeug. Ich mache bloß ein bißchen Weihnachtsgeruch. Viola hat aber auch immer was.«

»Also«, sagt die Mutter, »noch einmal von vorn! Ich glaube, du mußt die Flöte noch ein ganz klein wenig mehr ausziehen, Görge. Sie kommt mir etwas zu hoch vor.«

Diesmal schiebt Martin, nachdem er sich durch einen verstohlenen Seitenblick vergewissert hat, daß Viola gerade nicht hersieht, einen flirrenden Goldfaden vom Adventskranz in die Flamme. Er verbrennt mit grünlichem Gesprühe und löst sich in glühende Tropfen auf. Ein wunderbares Spiel! Vor lauter Eifer vergißt Martin ganz zu singen. Aber da zieht Viola seinen Arm auch schon zurück, nicht eben sanft, und flüstert, er solle das jetzt endlich sein lassen. Martin schüttelt die Hand unwillig ab und fährt fort, sein kleines Feuerwerk zu veranstalten.

»Kinder«, sagt die Mutter, während sie die singende und wiegende Überlegung von der dritten zur vierten Strophe erklingen läßt, »paßt auf: jetzt! Benedicamus domino ...«

Da geschieht es.

Violas krauses Stirnhaar fällt, wie sie sich von neuem gegen den feuerwerkenden Martin wendet, in der Kerzenflamme. Es knistert, ein schnelles Gewaber hüpft über ihren Kopf und lodert im nächsten Augenblick wie eine Fackel empor. Aber Martin läßt seinen Goldfaden fahren, faßt dahin und dorthin, bläst aus Leibeskräften und schlägt blitzschnell mit seinen bloßen Händen in den Brand, schlägt wiederum zu. Da wischt auch Viola, die erst jetzt begreift, was sich ereignet hat, hastig mit beiden Händen über ihr Haar. Aschenteilchen stäuben umher, die Flammen verschwinden, es ist schon vorüber. Und wie sich über dem linken Ohr noch einmal ein Flämmchen zeigt, drückt Martin, der mit halberhobenen Händen bereitsteht, es sofort aus. Die andern, die aufgesprungen sind – die Mutter mit einem wehen, steigenden Entsetzensschrei –, brauchen nicht mehr einzugreifen.

»Martin hat dich gerettet«, sagt die Mutter mit bebenden Lippen. »Du liebe Zeit, wenn Martin nicht gewesen wäre! Das hast du aber gut gemacht! Zeig mal deine Hände her! Was bist du für ein tapferer Junge! Hast du dich verbrannt?«

Viola kniet nieder und küßt Martin auf beide Backen. Dann nimmt die Mutter ihn auf den Arm und schmiegt ihre Wangen an seine Hände: »Wie hast du das nur so schnell gekonnt? Oh, was für ein Glück, Kinder, was für ein Glück!«

»Oh, das konnte ich ganz leicht«, sagt Martin. »Wenn Viola auch eine Freche ist, aber daß sie nun aufbrennen sollte, das mochte ich auch nicht so gern. Und dann auch noch eben vor Weihnachten.«

Wanjka

ANTON TSCHECHOW

Der neunjährige Wanjka Schukow, der seit drei Monaten beim
Schuster Aljachin in der Lehre war, ging in der Weihnachtsnacht
nicht schlafen, sondern wartete, bis der Meister und die Gesellen
zur Messe gegangen waren, holte dann Tinte und Feder aus dem
Schrank des Meisters und breitete ein zerknittertes Stück Papier
vor sich aus, um zu schreiben. Ehe er den ersten Buchstaben hin-
malte, blickte er ein paarmal scheu auf Tür und Fenster, schielte
auch zum dunklen Heiligenbild, das zwischen den Gestellen mit
den Leisten hing, und seufzte mehrmals. Das Papier lag auf der
Bank, er selbst kniete davor auf dem Boden.

»Liebes Großväterchen Konstantin Makarytsch!« schrieb er.
»Ich schreibe Dir einen Brief. Ich wünsche Dir ein schönes Weihnachtsfest und alles Gute vom lieben Gott. Ich habe ja keinen Vater
und kein Mütterchen mehr, nur Du bist mir geblieben.«

Wanjkas Augen hingen an dem dunklen Fenster, wo das Spiegelbild seiner Kerze flackerte, und er stellte sich seinen Großvater
Konstantin Makarytsch, der beim Gutsbesitzer Schiwarjow als
Nachtwächter diente, leibhaftig vor. Er war ein kleiner, magerer,
aber ungewöhnlich flinker und beweglicher Mann von ungefähr 65
Jahren mit lachendem Gesicht und trunkenen Augen. Tags schläft
er in der Gesindeküche oder schäkert mit den Köchinnen, nachts
aber schreitet er, in einen weiten Schafspelz gehüllt, die Besitzung
ringsum ab und klopft auf sein Holzbrett. Hinter ihm trotten mit
gesenktem Kopf die alte Kaschtanka und der kleine Wjun (Teufel-
chen), so genannt, weil er ganz schwarz und so lang und schmal
wie ein Wiesel ist. Dieser Wjun tut immer ungemein unterwürfig

und zärtlich, er schaut sowohl die eigenen Leute als auch fremde gleich freundlich an, trotzdem ist er nicht beliebt. Hinter seiner Zutraulichkeit und Demut verbirgt sich nämlich die tückischste Hinterlist. Niemand versteht es besser als er, sich rechtzeitig anzuschleichen und nach einer Wade zu schnappen, in den Eiskeller einzudringen oder den Bauern ein Huhn zu stehlen. Man hat ihm schon oft mit nachgeworfenen Knüppeln die Hinterbeine fast gebrochen, zweimal hat man ihn gehängt, jede Woche wird er beinahe tot geprügelt, doch immer kommt er mit dem Leben davon.

Gewiß steht der Großvater jetzt beim Hoftor, blinzelt zu den erleuchteten Fenstern der Dorfkirche hinüber, tritt in seinen Filzstiefeln vom einen Bein aufs andere und scherzt mit dem Gesinde. Sein Klopfbrett hängt am Gürtel. Er reibt sich die Hände, schüttelt sich vor Kälte und zwickt mit greisenhaftem Gekicher bald eine Zofe, bald die Köchin. »Eine kleine Prise?« sagt er und bietet den Frauen seine Schnupftabaksdose an. Und die Frauen schnupfen und niesen. Das freut den Großvater über alle Maßen, er bricht in belustigtes Lachen aus und ruft: »Feste! Ist es eingefroren?«

Auch die Hunde müssen schnupfen. Kaschtanka niest, rümpft die Nase und verzieht sich beleidigt. Wjun hingegen niest aus Ehrfurcht nicht, sondern wedelt mit dem Schwanz. Das Wetter ist herrlich, die Luft still, klar und erfrischend. Die Nacht ist dunkel, doch man sieht das ganze Dorf mit seinen weißen Dächern und den Rauchwölkchen, die aus den Schornsteinen aufsteigen, die silberbereiften Bäume und die Schneewehen. Der Himmel ist übersät mit fröhlich blinkenden Sternen, und die Milchstraße zeichnet sich so deutlich ab, als wäre sie vor den Feiertagen mit Schnee gewaschen und blankgerieben worden ...

Wanjka seufzte, tauchte die Feder ein und schrieb weiter.

»Gestern bekam ich Prügel. Der Meister zog mich an den Haaren auf den Hof und verbleute mich mit dem Knieriemen, weil ich eingeschlafen war, als ich denen ihr Kindchen in der Wiege schaukeln sollte. Und vorige Woche trug mir die Meisterin auf, einen Hering zu putzen, aber ich fing beim Schwanz an, und da nahm sie den Hering und stieß mir den Kopf an die Nase. Und was die Gesellen sind, die verspotten mich, ich muß für sie in der Schenke Schnaps holen und bei den Meistersleuten Gurken stehlen, aber der Meister prügelt mich dann mit allem, was ihm gerade in die Hände fällt. Und das Essen ist ganz schlecht. Morgens gibt es Brot, mittags Grütze und abends wieder Brot, was aber Tee und Kohlsuppe ist, das fressen sie selbst. Und schlafen muß ich im Flur, wenn aber denen ihr Kindchen schreit, schlafe ich überhaupt nicht, dann muß ich die Wiege schaukeln. Liebes Großväterchen, tu mir um Himmels willen die Liebe und nimm mich von hier fort, ins Dorf nach Hause, ich kann es hier nicht aushalten ... Ich bitte Dich auf den Knien, ich werde ewig für Dich beten, nimm mich von hier fort, sonst muß ich sterben ...«

Wanjka verzog den Mund, rieb sich mit der schmutzigen Faust die Augen und schluchzte auf. »Ich will Dir den Tabak kleinhacken«, fuhr er fort, »und zum lieben Gott für Dich beten, und wenn ich etwas nicht recht mache, dann prügle mich nur tüchtig. Glaub nicht, daß ich nichts zu arbeiten hätte. Ich werde den Verwalter bitten, ihm die Stiefel putzen zu dürfen, oder ich kann an Fedjkas Stelle die Schafe hüten. Liebes Großväterchen, ich halte es nicht aus, es ist wirklich zum Sterben. Ich wäre gern zu Fuß ins Dorf zurückgelaufen, aber ich habe keine Stiefel, und ich fürchte mich vor dem Frost. Und wenn ich groß bin, werde ich Dir dafür zu essen geben und nicht zulassen, daß Dir einer etwas zuleide tut, und wenn Du stirbst, werde ich für Dich beten wie für Mütterchen Pelageja. Und Moskau ist eine große Stadt. Lauter hohe Herrschaftshäuser und viele Pferde gibt es hier, aber keine Schafe, und die Hunde beißen nicht. Hier ziehen die Kinder nicht mit dem Stern herum, und man wird auch nicht auf den Kirchenchor zum Singen gelassen. Aber einmal sah ich im Schaufenster, daß die Angelhaken fixfertig mit der Leine gehandelt werden, für alle Fische, sehr schön, und ein Haken war dabei, mit dem könnte man einen Wels von einem halben Zentner festhalten. Und in einem Laden sah ich alle möglichen Gewehre, wie der gnädige Herr sie hat, so daß jedes hundert Rubel kosten mag. Und in den Fleischerläden hängen Auerhähne und Rebhühner und Hasen, aber wo sie geschossen werden, das sagen die Leute im Laden nicht. Liebes Großvertäterchen, wenn bei der Herrschaft Weihnachtsbescherung ist, nimm für mich eine vergoldete Nuß vom Christbaum mit und leg sie in Dein grünes Kästchen. Bitte Fräulein Olga Ignatjewna darum, sag ihr, es ist für Wanjka.«

Wanjka seufzte krampfhaft und blickte wieder aufs Fenster. Er dachte daran, wie der Großvater jedes Jahr die Tanne für die Herrschaft im Wald holte – stets hatte er mitgehen dürfen. Das war immer ein schöner Tag! Der Großvater ächzte, und der Frost ächzte, und wenn Wanjka das hörte, mußte er auch ächzen. Ehe der Großvater die Tanne fällt, bleibt er lange Zeit stehen, raucht sein Pfeifchen, schnupft bedächtig und neckt den frierenden Wanjuschka ...

Die reifbedeckten Tannen warten regungslos, welche von ihnen ihr Leben lassen muß. Plötzlich rennt irgendwoher ein Hase pfeilschnell über die Schneewehen. Da kann der Großvater nicht an sich halten und ruft:

»Fang ihn, fang ihn! Ach, der kurzschwänzige Halunke!«

Die gefällte Tanne trug der Großvater ins Herrenhaus, und dort wurde sie geschmückt ... Am meisten kümmerte sich Fräulein Olga Ignatjewna darum, Wanjkas Gönnerin. Als Pelageja, Wanjkas Mutter, noch lebte und bei der Herrschaft Stubenmädchen war, konnte Olga Ignatjewna dem kleinen Wanjka oft Süßigkeiten geben, und aus lauter Langeweile lehrte sie ihn schreiben, lesen, bis hundert zählen und sogar Quadrille tanzen. Aber nach Pelagejas Tod wurde das Waisenkind Wanjka zum Großvater in die Gesindestube gesteckt und kam dann aus der Küche nach Moskau zum Schuster Aljachin ...

»Komm zu mir, liebes Großväterchen«, schrieb Wanjka weiter.
»Ich flehe Dich an, nimm mich um Christi willen von hier fort.
Hab Mitleid mit dem armen Waisenkind, denn hier prügeln mich
alle, und ich leide auch Hunger, und alles ist so traurig, daß ich
immerzu weinen muß. Und neulich schlug mich der Meister mit
dem Leisten auf den Kopf, daß ich hinfiel und kaum wieder auf-
stehen konnte. Mein Leben ist unglücklich, schlimmer als das
irgendeines Hundes. Und dann lasse ich Aljona grüßen und den
einäugigen Jegorka und den Kutscher, und was meine Mundhar-
monika ist, die darfst Du keinem geben. Ich verbleibe Dein Enkel
Iwan Schukow, liebes Großväterchen, komm mich holen.«

Wanjka faltete das beschriebene Papier viermal zusammen und
steckte es in den Umschlag, den er gestern für eine Kopeke
gekauft hatte ... Nach längerem Nachdenken tauchte er die Feder
ein und schrieb die Adresse:

Ans Großväterchen im Dorf.

Er kratzte sich den Kopf, überlegte und setzte hinzu: »Konstantin Makarytsch.« Zufrieden, daß niemand ihn am Schreiben
gehindert hatte, stülpte er die Mütze auf und lief, ohne erst sein
Pelzmäntelchen anzuziehen, in Hemdsärmeln auf die Straße. Er
hatte die Leute im Fleischerladen tags zuvor gefragt und erfahren, Briefe müßten in Postkästen geworfen werden, von dort
würden sie von betrunkenen Kutschern im Dreispänner mit hell-
klingelnden Glöckchen über die ganze Erde befördert. Wanjka
lief zum nächsten Postkasten und steckte den kostbaren Brief in
den Schlitz ...

Von süßen Hoffnungen eingelullt, schlief er eine Stunde später
frohgemut ein. Er träumt von einem großen Ofen. Auf dem Ofen
sitzt der Großvater, mit den bloßen Füßen baumelnd, und liest
den Köchinnen den Brief vor ...

Wjun schleicht um den Ofen herum und wedelt mit dem
Schwanz ...

2

HIMMLISCHE BOTEN

welcher engel wird uns sagen

WILHELM WILLMS

welcher engel wird uns sagen
daß das leben weitergeht
welcher engel wird wohl kommen
der den stein vom grabe hebt

wirst du für mich
werd ich für dich
der engel sein

welcher engel wird uns zeigen
wie das leben zu bestehn
welcher engel schenkt uns augen
die im keim die frucht schon sehn

wirst du für mich
werd ich für dich
der engel sein

welcher engel öffnet ohren
die geheimnisse verstehn
welcher engel leiht uns flügel
unsern himmel einzusehn

wirst du für mich
werd ich für dich
der engel sein

Wilhelm Wilms

Ein seltsamer Weihnachtsengel

HANS-HEINRICH STRUBE

Über der Tür zur Wohnstube meiner Eltern hing früher, als ich noch ein Kind war, ein Holzbrettchen mit Blumen darauf und einem Spruch. Der hieß: »Gastfreundlich zu sein vergesset nicht, denn dadurch haben manche ohne ihr Wissen schon Engel beherbergt«, und darunter stand ganz klein: Hebräer 13, Vers 2.

Wir Kinder wußten damals nicht, was der Spruch zu bedeuten hatte, und wir machten uns auch keine Gedanken darüber. Wir wußten nur, daß er sehr alt war und schon bei unseren Großeltern über der Stubentür gehangen hatte. Erst heute, viele Jahre später, muß ich oft an eine Geschichte denken, die genau zu dem Spruch paßt. Es ist die Geschichte vom seltsamen Weihnachtsengel, und ich will sie euch genau so erzählen, wie ich sie als Kind erlebt habe:

Es war am letzten Tag vor Weihnachten, am Heiligen Abend, kurz vor der Bescherung. Wir Kinder saßen um den großen Küchentisch unter der Lampe und würgten aufgeregt unsere letzten Bissen Brot herunter.

»Erst wird gegessen«, sagte Mutter, »und danach gehen wir in die Weihnachtsstube.«

So war es jedes Mal am Heiligen Abend, und immer wieder waren wir so aufgeregt, daß wir kaum essen konnten. Plötzlich klopfte jemand gegen die Haustür. Mutter sah auf. »Na, wer kommt denn jetzt noch, so kurz vor der Bescherung?« sagte sie und ging zur Haustür. Draußen stand ein alter Mann, ein Landstreicher, wie es schien. Vater war gerade in die Weihnachtsstube gegangen.

»Ich will mal nachsehen, ob der Nikolaus schon fertig ist«, hatte er gesagt; das tat er immer, bevor er uns hereinrief. Und nun kam dieser Fremde dazwischen. Er bat bescheiden darum, sich am Ofen etwas aufwärmen zu dürfen. Wir wußten genau, daß Mutter ihn niemals abweisen und mit uns zur Bescherung gehen würde. Sie würde ihn auch nicht allein in der Küche sitzen lassen. Das steigerte unsere Ungeduld. Und was wir befürchtet hatten, trat auch ein: Mutter ging in die Speisekammer, holte Brot und Wurst, bereitete dem Fremden ein Abendbrot und schenkte ihm heißen Glühwein ein.

»Lassen Sie es sich gut schmecken«, sagte sie freundlich zu dem Alten. Der hatte inzwischen seine schneenasse Jacke ausgezogen, sie neben sich auf einem Stuhl gelegt, hatte sich mit dem Rücken gegen den warmen Kachelofen gelehnt und fing nun an, in Ruhe sein Abendessen zu verzehren. Mutter sah uns unsere Ungeduld an.

»Es ist noch lange Abend, Kinder«, sagte sie, »geht ruhig noch ein bißchen ins Kinderzimmer und spielt dort. Ich rufe euch, wenn es soweit ist.« Aber zum Spielen hatten wir jetzt überhaupt keine Ruhe und auch keine Lust.

Dann sahen wir schon lieber dem Landstreicher zu, wie er sich ab und zu seine roten Hände an der Hose abwischte, mit dem Taschenmesser langsam ein Stückchen nach dem anderen vom Brot abschnitt, es mit zittrigen Fingern in den fast zahnlosen Mund schob und gemächlich darauf herumkaute, bis es weich genug war, um es dann herunterzuschlucken. Mutter schenkte ihm ein zweites Glas Glühwein ein, das er lächelnd und nickend entgegennahm, vorsichtig daran schlürfte und es vorsichtig neben sich auf den Ofensims stellte. Mutter setzte sich zu uns an den Tisch, nahm den Korb mit Stopfwäsche auf den Schoß und begann, ein Stück nach dem anderen zu untersuchen, hier einen Knopf anzunähen, dort ein Loch zuzustopfen oder einen Flicken aufzunähen.

»Ich glaube, ich muß jetzt weiter«, sagte der Fremde nach ungefähr einer halben Stunde, die uns wie drei Stunden vorgekommen war. Dabei schaute er auf die große weiße Küchenuhr über der Tür.

»Wärmen Sie sich ruhig erst richtig auf«, sagte Mutter, »Ihre Jacke ist ja noch ganz naß. Der Heilige Abend läuft uns nicht weg, und Sie stören uns durchaus nicht.«

Draußen hatte es wieder stärker angefangen zu schneien. Aber nicht so, wie man sich ein weißes Winterschneegestöber vorstellt, nein, dicke, nasse Flocken wurden vom Tauwind gegen die Fenster geworfen und rutschten an der Scheibe herab, wobei sie sich langsam in Wasser auflösten. »So können Sie nicht hinaus auf die Straße«, sagte Mutter, »Ihre Jacke ist ja noch nicht trocken, und draußen regnet es mehr, als es schneit. Wenn Sie möchten, können Sie bei uns bleiben. Wir haben zwar kein Bett frei, aber auf dem Sofa hier in der Küche können Sie schlafen, hier stört Sie keiner.«

Der Alte wehrte mit beiden Händen dankend ab. »Ich komme schon unter, ich hab da meine Plätze«, sagte er und griff nach seiner halbtrockenen Jacke. Mutter half ihm hinein. Dann verabschiedete er sich.

»Vergelt's Gott«, sagte er, nickte noch einmal grüßend zu uns Kindern herüber und ging auf den Flur hinaus. Als die Haustür zufiel, sprangen wir erleichtert auf. »Gehen wir jetzt?« rief ich, aber Mutter hob die Hand. »Nicht zu stürmisch«, mahnte sie, »erst muß Vater kommen und uns rufen.«

An Vater hatten wir gar nicht mehr gedacht. Er war in der Zwischenzeit im Stall gewesen, hatte den Kühen und Pferden noch etwas Futter vorgeworfen und nachgesehen, ob alle Türen von innen richtig verriegelt waren. Aber dann war es doch endlich soweit. Die Tür zur Weihnachtsstube wurde geöffnet, und wir standen vor dem Lichterbaum, der wie in jedem Jahr wieder mit

Engelshaar und Lametta überzogen war. Beim Singen schielten wir schon unter den Christbaum. Alle Geschenke waren mit einem Bettlaken zugedeckt. Man konnte nur vermuten, was darunter stand. Nach dem Singen las Vater – wie in jedem Jahr – die Weihnachtsgeschichte vor. Wir kannten sie beinahe auswendig, aber dennoch kam sie uns in jedem Jahr wieder neu vor. Sie schloß mit den Worten: »Die Hirten aber kehrten um und lobten Gott für alles, was sie gehört und gesehen hatten.«

Nun durften wir auch sehen, was unter dem Laken versteckt war. Ich bekam eine Dampfmaschine, meine große Schwester einen Küchenherd mit Töpfen und Pfannen und meine kleine Schwester eine Puppe, die auf den Knien durch die Stube krabbeln konnte, wenn man sie aufzog.

Den Alten in der nassen Jacke hatten wir längst vergessen. Nur als plötzlich ein kräftiger Windstoß um die Hausecke fegte und dicke kalte Tropfen gegen die Fensterscheiben schleuderte, da sagte unsere Mutter leise: »Wo er nun wohl sein mag? Ob er eine Unterkunft gefunden hat?«

»Das hat er sicher«, sagte Vater, »die kennen ihre Plätze.« Das beruhigte uns.

Ich will jetzt nicht von diesem Heiligen Abend weitererzählen, sondern will ein Jahr überspringen.

Wir saßen wieder in der Küche am Abendbrottisch, genau wie im Jahr zuvor. Und als Mutter gerade den Tisch abräumen und Vater in die gute Stube gehen wollte, um nachzusehen, wie weit der Nikolaus inzwischen sei, da klopfte jemand an die Haustür. Wieder stand der Alte da mit seinen rotgefrorenen Händen, diesmal in einem langen dunkelgrauen Mantel, den ihm jemand mitleidig geschenkt hatte. »Unser Weihnachtsengel ist wieder da«, rief Mutter und sah aus wie jemand, der unverhofft nach langer Zeit einen lieben Bekannten wiedersieht. Alles wiederholte sich nun wie im letzten Jahr: das Brotemachen, das langsame Kauen, unser Warten, das Glühweintrinken und das bescheidene Verabschieden, denn er wollte auch diesmal nicht bleiben. Entweder fürchtete er, den Familienfrieden zu stören, oder er hatte überhaupt Angst, in festen Häusern oder sauberen Betten zu schlafen.

»Wir haben uns alle gefreut, Sie wiederzusehen«, sagte Mutter beim Abschied zu ihm, und das war keine bloße Redewendung, sondern ihre ehrliche Meinung. Dann wandte sie sich uns Kindern zu.

»Ihr nicht?« frage sie, »freut Ihr Euch nicht, daß er wiedergekommen ist? Es hat ihm gefallen bei uns, sonst wäre er nicht wiedergekommen.«

Wir nickten, und es war uns, als sei diesmal unsere Ungeduld während seiner Anwesenheit lange nicht so groß gewesen wie im letzten Jahr.

So ging es weiter, drei oder vier oder gar fünf Jahre lang. Jedesmal am Abend vor Weihnachten saß der Alte in unserer Küche am Ofen, wärmte sich, aß sich satt und trank seinen Glühwein. Er erzählte uns nie, woher er käme oder wohin er ginge. Vielleicht wußte er das selbst nicht so recht. Er wußte nur, daß er an jedem 24. Dezember gegen Abend bei uns einkehren durfte. So gehörte er allmählich mit zur Familie, jedenfalls zur Weihnachtsfamilie.

Und dann geschah es, daß wir wieder einmal um den Tisch saßen, um das Abendbrot vor dem großen Fest zu essen. Wir waren älter geworden und darum auch nicht mehr ganz so neugierig und ungeduldig wie früher. Mutter war gerade dabei, den Glühwein einzuschenken, da sagte meine kleine Schwester plötzlich: »Kommt er diesmal nicht?«

Wir sahen uns an und hatten alle das gleiche Bild vor Augen: den Alten am Ofen, die nasse Jacke neben sich und auf den Knien den Teller mit den Mettwurstbroten.

Und wir alle wurden ein bißchen nachdenklich, nicht lange, nur Augenblicke, aber in diesen Augenblicken wurde uns allen bewußt, daß er uns fehlt.

»Vielleicht kommt er noch«, sagte Vater und schnitt sich ein Stück Brot ab.

»Wir gehen aber nicht in die Weihnachtsstube, bevor er dagewesen ist«, meinte meine kleine Schwester, »sonst denkt er noch, er darf nicht mehr rein zu uns.«

»Ja, wir warten noch«, sagte Vater, und das Warten fiel uns Kindern gar nicht mehr schwer. So saßen wir beinahe eine Stunde lang unter der Lampe um den Tisch, tranken von unserem Glühwein und horchten auf jeden Laut, der von draußen kam. Aber der Alte kam nicht. Wir gingen in die Weihnachtsstube, sangen, hörten die Weihnachtsgeschichte und zeigten uns gegenseitig unsere Geschenke. Doch etwas fehlte an der Weihnachtsfreude, das spürte jeder von uns. Und als Mutter mit mir und meiner kleinen Schwester und mit dem leeren Glühweintopf noch einmal in die Küche ging, um Glühwein nachzuschenken, da schauten wir alle drei zum Sessel neben dem Ofen, und Mutter sagte: »Kinder, unser Weihnachtsengel fehlt.«

Keiner von uns sagte etwas.

»Ja«, fuhr Mutter fort, »manchmal haben Menschen schon Engel beherbergt, ohne es zu wissen.«

Mir saß ein seltsamer Kloß im Hals, und ich glaube, meiner Schwester auch: Den Alten habe ich nie wieder gesehen. Ich weiß nicht, ob er inzwischen am Ziel seines langen Landstreicherlebens angekommen war. Aber daß er für uns ein Engel war, ein Engel im dicken schneenassen Mantel und mit frostroten Händen, daran habe ich bis heute nicht gezweifelt.

Der verhaftete Friedensengel

WERNER REISER

Als die Engel den Lobgesang über den Feldern von Bethlehem beendet hatten und sich wieder in die unsichtbare Welt zurückzogen, ließ sich einer von ihnen zur Erde sinken. Ihn drängte es, hinter den Hirten her in die Stadt Davids zu gehen und die Sache zu sehen, die geschehen war. Er ahnte nicht, was mit ihm geschehen würde.

Er hüllte sich in die Gestalt eines Menschen, um wie einer von ihnen dabeizusein und das Geheimnis des Friedens mit ihren Sinnen zu sehen, zu hören und zu riechen. Dabei verspätete er sich ein wenig und zog allein des Weges. Als er in das Tor von Bethlehem trat, wurde er von römischen Soldaten angehalten. Einer von ihnen fragte den unbekannten Einzelgänger nach dem Ausweis. »Meinen Ausweis?« fragte er zurück, »ich habe keinen und ich brauche keinen, ich weiß, wer ich bin.« Und er richtete sich ein wenig auf, um sie seine verborgene Erhabenheit spüren zu lassen. Aber er fiel schnell wieder zusammen, als fremde Hände in seinen Mantel und seine Taschen fuhren und seinen Leib abtasteten. »Nichts«, sagten die Männer, »keinen Ausweis, keine Waffe, kein Geld.« »Nichts?« fragte der Anführer der Gruppe, »macht nichts, wir nehmen ihn mit. Er ist verhaftet.«

Er wurde an beiden Armen gepackt und fortgeführt. Das war freilich ein ungewohnter Griff, aber er befremdete ihn nicht allzu sehr. Daß Menschen zupacken, während Engel nur leise berühren und führen, wußte er wohl. Er lächelte wissend vor sich hin und war neugierig, wie es weiterginge. Er war in Bethlehem, in der Nähe des Kindes und fürchtete sich vor nichts. Er bedachte nicht, daß die Himmlischen unendliche Geheimnisse kennen, aber in den irdischen Dingen doch nicht so ganz heimisch sind. Er sollte bald mit ihnen vertraut werden.

Im Wachtlokal führten ihn die Soldaten dem Wachtkommandanten vor. Sie berichteten ihm, wo sie ihn angehalten hatten und was ihnen verdächtig vorgekommen war. Der Wachtkommandant faßte ihn ins Auge und begann ein Verhör.

»Wie heißt du?«

Er antwortete: »Ich bin ein Sohn des Friedens.«

Der Kommandant befahl dem Schreiber, der neben ihm stand: »Schreibe: Ben Schalom.«

Dann fragte er: »Woher kommst du?«

Der Engel antwortete: »Ich komme aus dem Reich des Lichts.«

Der andere erwiderte: »Also von Sonnenaufgang?«

Der Engel meinte: »Man kann es auch so sagen« und freute sich schon, daß er recht verstanden wurde. Der Kommandant diktierte: »Schreibe: von Osten.« Dann fuhr er fort: »Du kommst also von jenseits unserer Grenzen?«

Der Engel: »Allerdings, von sehr jenseits eurer Grenzen. Aber was heißt das schon, eure Grenzziehung ist für uns nicht gültig, wir sind überall.«

Der Kommandant nickte erstaunt: »Das ist sehr aufschlußreich. So viel hat noch keiner freiwillig zugegeben. Ihr seid also viele?«

Der Engel erwiderte: »Ja, wir sind sehr viele, aber das wissen nur wenige von euch.«

Darauf der andere: »Wir werden bald mehr darüber wissen«, und dem Schreiber befahl er: »Schreibe: einer von vielen, noch unbekannten feindlichen Kundschaften aus dem Osten, der unsere Grenzen nicht anerkennt.«

Der Engel protestierte: »Nein, nicht feindlich, um Himmels willen. Von jenseits der Grenzen zu kommen, ist alles andere als feindlich!« Der Wachtkommandant wies den Protest zurück: »Mir kannst du nichts vormachen. Ich weiß, wer Freund und wer Feind ist. Im übrigen hast du nichts zu erklären, du hast nur zu antworten ... Du bist also geschickt worden?«

Der Engel faßte neuen Mut und stimmte zu: »So ist es. Ich bin ein Bote.«

Der Kommandant griff rasch zu: »Du gibst es zu? Wie lautet dein Auftrag?«

Der Engel wurde verlegen. Ihm wurde bewußt, daß er von sich aus entschieden hatte, auf der Erde zurückzubleiben und menschliche Gestalt anzunehmen. Ein Auftrag war es nicht gewesen. Der andere merkte, wie er zögerte, und fragte nochmals: »Wie lautet dein Auftrag?«

Der Engel antwortete: »Ich sollte mich in der Gegend von Bethlehem einfinden und dort mit Menschen des Friedens Verbindung aufnehmen. Alles weitere würde sich von selbst ergeben.«

Der Wachtkommandant besann sich eine Weile und sagte dann: »Man scheint dir bei deinem Auftrag große Freiheit zu lassen. Du mußt einer von weit oben sein.« Dem Schreiber befahl er: »Schreibe: die Gegend von Bethlehem ist Zentrum der feindlichen Tätigkeit. Es werden Spitzenleute eingesetzt.«

Der Engel war freudig verwirrt. »Von weit oben« hatte er gesagt. Merkte dieser mißtrauische Mensch allmählich, mit wem er es zu tun hatte? Er war so in seine Freude versunken, daß er nicht hörte, was diktiert wurde. Er sah auch nicht, daß der Kommandant einen Soldaten etwas befahl und dieser wegging. Er kam erst aus seiner Freude zurück, als die Türe aufging und der Soldat einige Gefangene hereinbrachte. Der Kommandant stellte sie dem Engel gegenüber auf und fragte ihn: »Kennst du diese Männer?« Der Engel schaute sie an und erkannte sie. Es waren Geschöpfe Gottes, die ihm anvertraut worden waren. Er hatte sie zu gewissen Zeiten begleitet und bewahrt. Er nickte: »Ja, ich kenne sie. Ich war ihnen sehr nahe.« Der Vorgesetzte frage einen nach dem andern: »Kennst du diesen da?« Einer nach dem andern schüttelte den Kopf und sagte: »Nein, ich kenne ihn nicht.« Bevor der Engel noch etwas erwidern konnte, wurden die Gefangenen abgeführt. Der Wachtkommandant trat vor ihn hin und betonte: »Du kennst sie, aber sie kennen dich nicht. Du mußtest sie überwachen, nicht wahr? Bei deiner Stellung habe ich nichts anderes erwartet.«

»Bewacht habe ich sie, nicht überwacht!« korrigierte ihn der Engel. Aber der andere winkte ab und sagte: »Mir brauchst du nichts zu erklären. Ich bin im Bild. Es paßt alles zusammen.« Er griff nach dem Blatt des Schreibers und überflog es. »Du gibst zu: Du bist Ben Schalom, stammst aus einem feindlichen Land im Osten, respektierst unsere Grenzen nicht, bist einer von vielen, die uns auskundschaften, du mußt als Sonderbeauftragter in dieser Gegend Leute für eure Sache gewinnen und bei der Durchführung eurer Pläne überwachen. Das alles genügt mir.«

Der Engel erschrak. So tönte es im Mund eines Irdischen, was er von sich und seinem überirdischen Auftrag erzählt hatte. Er hörte seine eigenen Worte, und doch war alles ganz anders, als er gesagt hatte und als es war. War denn keines seiner Worte recht angekommen? Bekamen bei den Menschen die Worte einen ganz andern Sinn, als sie ursprünglich hatten? Bei den Himmlischen war alles klar, das Wort war geborgen und ruhte in sich und seiner inneren Wahrheit, aber hier fiel es wie ein unbeschützter nackter Vogel aus dem Nest und blieb zerquetscht am Boden liegen. Ihm war bekannt, daß bei den Menschen Worte und Taten auseinanderklafften, die im Himmel eins waren, aber daß die Worte selber auseinanderbrechen könnten, darauf war er nicht vorbereitet gewesen. Ihm wurde es unheimlich zumute. Er war dieser mehrdeutigen Welt nicht gewachsen und sehnte sich in die himmlische Klarheit zurück.

Plötzlich erinnerte er sich seiner Verkleidung und atmete auf.

Er brauchte diese menschliche Gestalt nur abzustreifen, um in seinem Glanz vor ihnen zu stehen und aufzufahren. Vielleicht würden sie vor Freude und Ehrfurcht so überwältigt sein, daß sie das Mißtrauen ihres Wesens und die Zwiespältigkeit ihrer Worte erkennten und abschüttelten. Er sammelte sich, lockerte Beine und Schultern, streckte die Arme aus, um sich aufzuschwingen und – fiel in sich zusammen. Die Arme fielen herunter, die Füße waren erdenschwer, der Leib gehorchte dem Willen nicht mehr. Alle Kraft zog ihn nach unten. Er rief verzweifelt nach oben um Hilfe, aber niemand kam. Statt dessen hörte er eine leise Stimme, die sagte: »Bleibe, wie du bist. Du bist einer von ihnen und mußt es durchstehen wie sie.« Es wurde dunkel vor seinen Augen, und er brach zusammen.

Er kam erst wieder zu sich, als ihn Soldatenhände packten, aufhoben, wegschleppten und auf einen Strohhaufen warfen. »So könnt ihr mich ihnen doch nicht überlassen!« begehrte er nach oben auf. Da hörte er wieder die leise Stimme, die sagte: »Der Friede beginnt heute Nacht auf einem Strohhaufen.« Dann fiel er in einen schweren Schlaf.

Er erwachte, als er grob geschüttelt wurde. Er hatte keine Ahnung, wie lange er geschlafen hatte. Er entsann sich nur, irgendwann einmal geträumt zu haben, daß er einen Mann, der neben einer Krippe lag, gedrängt hatte, mit Frau und Kind das Heim zu verlassen und nach Ägypten zu fliehen. »Steh auf, du mußt zum Kommandanten!« befahl ihm ein Soldat, zerrte ihn hoch und schob ihn vor sich im Dunkeln her.

Es war ein anderer, dem er vorgeführt wurde. Er kannte sich zwar in den irdischen Rängen nicht recht aus, da er stets nur auf die Herzen achtete, aber er spürte sogleich, daß dieser mehr zu befehlen hatte und der Sache tiefer nachging. Auch der Kommandant schien etwas von der verborgenen Bedeutung des Vorgeführten zu ahnen und schaute ihn aufmerksam an. Dann blickte er auf ein Blatt und sagte: »Du bist kein gewöhnlicher Bote. Du bist von oberster Stelle eingesetzt.« Beide nickten einander schweigend zu. Dann fuhr er fort: »Was ist deine Aufgabe?«

Der Engel antwortete: »Ich will dem Frieden dienen. Ich habe keine andere Absicht.«

Der Kommandant erwiderte: »Das tun wir auch. Wir haben auch keine andere Absicht. Wir vertreten überall in der Welt den römischen Frieden. Darin sind wir uns einig. Willst du in unsere Dienste treten? Wir können Leute von deiner Art gut brauchen.«

Der Engel hob abwehrend die Hände: »Ihr vertretet euren Frieden mit Gewalt, mit Soldaten, Schwertern und Lanzen. Das ist nicht meine Sache.«

Der Kommandant antwortete: »Ich weiß, daß du mit andern Mitteln kämpfst. Aber es kommt auf dasselbe heraus. Da, wo du herkommst, gibt es auch Heere und Waffen. Spiel mir nichts vor!«

Er stutzte. Ahnte der andere etwas? Dann erwiderte er: »Es ist ganz anders, als du meinst. Unsere Heere und Waffen sind von geistiger Art und schaden niemandem.«

Der Kommandant entgegnete unwillig: »Du bist ein Spion und – was noch gefährlicher ist – ein Schwärmer. Du siehst die Wirklichkeit nicht, wie sie ist. Aber wenn du willst, kannst du auch bei uns mit deinen unblutigen Waffen für den Frieden kämpfen.«

Der Engel spürte, wie eine unerwartete Hoffnung in ihm aufkeimte. Er fragte: »Kann ich euren Soldaten den Frieden geben?«

Der Kommandant ging sofort darauf ein: »Warum nicht? Lege ihnen den Frieden in die Seele. Sie haben ihn nötig. In ihren Herzen ist soviel Angst vor dem Tod. Nimm sie ihnen weg und gib ihnen beim Sterben deinen Frieden, das wird für sie eine große Hilfe sein.«

Der Engel fuhr auf: »Aber ich werde ihnen dabei etwas ganz anderes ins Herz legen, als du willst, so daß sie die Waffen niederlegen und einen Frieden begehren, der zum Leben und nicht zum Sterben führt. Das werde ich tun, so wahr ich lebe!«

Der Kommandant erwiderte schroff: »Das wirst du nicht tun. Ich sehe, daß du unser Feind bist und bleibst. So wahr du lebst, du wirst noch in dieser Nacht dein Leben verlieren ... Wegführen!« Noch bevor die Soldaten zugriffen, trat der Engel einen Schritt vor und küßte den Kommandanten auf die Stirne.

Als er wieder auf dem Stroh in der Ecke saß, dachte er lange über sein bevorstehendes Ende und seinen mißlungenen Friedensweg nach. Noch mehr als das, was mit ihm geschehen sollte, machte ihm bange, daß der Friede den Menschen so unverständlich und fremd blieb. Sie seufzten und schrien zwar nach ihm, aber sobald er unter ihnen zu wirken begann, fürchteten sie ihn. Er machte sie unruhig und unsicher. Lieber verließen sie sich auf ihre hartgetretenen Wege, als sich auf etwas Neues und Werdendes einzulassen. Der Friede war aber doch nicht dazu bestimmt, wie ein schöner Traum über der Erde zu schweben und auf ihr selber nie Fuß zu fassen. Weshalb wurde er den Menschen so schwer gemacht? »Warum steht ihr uns nicht kräftiger bei und treibt das Werk des Friedens unter uns?« begehrte er nach oben auf. Da hörte er wieder die leise Stimme, die sagte: »Es gibt keinen Frieden ohne Leiden und Opfer. Er fällt nicht vom Himmel auf die Erde. Er wirkt nur durch Menschen, die ihn wollen. Du bist einer von ihnen.«

In der letzten Stunde der Nacht führten sie ihn hinaus. Einige Soldaten trugen ein Schwert, andere einen Spaten. Kein Mensch war zu sehen, kein Himmlischer zu spüren. Als sie aus dem Tor hinaustraten, sah er in der Morgendämmerung einen Mann neben einem Esel gehen, auf dem eine Frau mit ihrem Kinde saß. Die Soldaten beachteten sie nicht. Er aber fühlte plötzlich eine seltsame Wärme und eine große Freude und flüsterte vor sich hin:

»Nur Mut, es geht weiter. Der Friede ist unterwegs.«

Dann ging alles sehr schnell. Er spürte den Schlag – und war als Engel des Friedens wieder bei sich. Er stand da und blickte auf die menschliche Hülle, die zu seinen Füßen lag. Er war dankbar für die schmerzliche Erfahrung, die sie ihm in diesen Tagen vermittelt hatte. Niemand nahm ihn wahr. Die Soldaten entfernten sich. Zwei von ihnen blieben mit dem Spaten zurück und hoben ein Grab aus. Er hörte noch zu, wie sie miteinander redeten. Der eine sagte: »Früher habe ich damit meinen Garten umgegraben. Das war eine gute Zeit.« Der andere erwiderte: »Und ich habe damit den Boden ausgehoben, um die Grundmauern für ein Haus zu legen. Damals war ich glücklich.« Dann gruben sie schweigend weiter.

Er aber machte sich auf den Weg, um die kleine Gruppe einzuholen, die in der Morgendämmerung verschwunden war. Einmal wandte er sich noch um und sah im ersten Licht des Tages, wie zwei Männer mit einem Spaten auf der Schulter die Gegend von Bethlehem verließen und, ohne es zu wissen, dem Weg der Frau mit dem Kinde folgten.

Vom Engel,
der die Welt verwandeln wollte

CHRISTA SPILLING-NÖKER

Wieder einmal war es soweit: Das Weihnachtsfest nahte. Während die Menschen diese Zeit hektisch erlebten und nur noch auf ihren Terminkalender und Kontostand blickten, rechneten und zählten, was es noch alles zu tun und zu kaufen gab, wußte man unter den himmlischen Heerscharen mit der Zeit umzugehen: Man wußte sie zu füllen mit einem sinnvollen Wechsel von Geschäftigkeit und Ruhe, so daß man von einer erfüllten Zeit sprechen konnte. Jeder tat seine Aufgaben nach dem Maß seiner Begabungen und trug so zum Einklang des himmlischen Wohllebens das Seine bei.

Gerade jetzt, in der Vorweihnachtszeit, mußten die Aufgaben neu verteilt werden, denn es war nicht zu übersehen, daß die Menschen besonders in dieser Zeit Hilfe brauchten. Allein brachten sie es nicht mehr so recht zustande, Weihnachten zu feiern, ja, sie taten sich überhaupt schwer mit dem Leben. Wer aber würde den Menschen helfen – falls ihnen überhaupt noch zu helfen war? Anders als bei der Verkündigung der Geburt in Bethlehem war keiner mehr freiwillig dazu bereit, auf die Erde zu gehen. Immer wieder hatten die, die auf der Erde gewesen waren, Schlimmes von dort erzählt: von Lieblosigkeit, Friedlosigkeit, Unrast und Unzufriedenheit der Menschen.

»Merkwürdig ist es mit den Menschen«, dachten die Engel. »Gott hat ihnen alle Möglichkeiten gegeben für ein sinnvolles

Leben: eine Erde voller Reichtümer und Schönheiten, den Verstand, daraus etwas zu machen, Kräfte, die Schöpfung zu verändern, zu gestalten und immer wieder Neues entstehen und lebendig werden zu lassen. Und dann hat er ihnen vor zweitausend Jahren seine Liebe in dem Kind von Bethlehem offenbart, um ihnen zu zeigen, daß sie alles in Liebe füreinander entfalten sollten und daß sie dann glücklich würden.« Aber eben dies schien den Menschen nicht zu gelingen. Man brauchte ihnen nur einmal ins Gesicht zu schauen: Darin war statt Zufriedenheit Zerrissenheit, statt Ruhe Gehetztsein, statt Liebe oft nur Angst oder Aggressivität zu sehen. Ständig waren sie in Bewegung, aber nicht angetrieben, um Schönes zu tun, sondern, so hatte es den Anschein, um vor sich selbst, den eigenen Wünschen und Sehnsüchten, davonzulaufen. Oft verkehrten sie miteinander in oberflächlichen Beziehungen, um den eigenen Abgründen und der tiefen Begegnung mit anderen zu entfliehen, in denen sie Spuren des göttlichen Geheimnisses hätten finden können, das in der Höhe und in der Tiefe allen Lebens in besonderem Maße glänzt.

»Irgendwie«, platzte es schließlich aus einem vorwitzigen Engel heraus, »hast du bei der Schöpfung mit den Menschen wohl einen Fehler gemacht. Sie haben das Zeug zu einem gelingenden Leben, aber sie machen alles, aber auch alles um sich herum und oft sogar sich selbst kaputt.«

»Nun«, erwiderte Gott, »wenn du die Probleme der Menschen, die uns schon so lange zu schaffen machen, genau siehst, so will ich dich dieses Jahr als Weihnachtsengel auf die Erde senden. Geh und öffne sie für die Botschaft des Friedens und der Liebe. Erleuchte sie mit der himmlischen Wahrheit, damit sie aus ihren Verkehrtheiten herausfinden zu einem neuen, ganzen Leben. Du sollst nicht ihre Probleme lösen, das müssen sie selbst tun, aber du sollst ihnen helfen, einen Anfang zu machen.«

»So war das nicht gemeint«, entschuldigte sich der Engel verlegen, denn er wußte auch nicht recht, wie den Menschen zu helfen sei.

»Wenn ich mich recht entsinne, warst du noch nicht auf der Erde«, sagte Gott, »so bist du noch unverbraucht von all den bösen Erfahrungen mit den Menschen. Mache dich auf den Weg, denn das Weihnachtsfest steht unmittelbar bevor.«

»Also, dann gehe ich«, stammelte der Engel, dem vor Schreck alle Vorwitzigkeit vergangen war, und griff nach dem himmlischen Licht in der Hoffnung, es könne ihm in der Dunkelheit, die die Menschen umgab, bei der Ausführung seines Auftrags helfen.

Mit diesem himmlischen Licht hatte es eine besondere Bewandtnis: Wenn man es nahm, um es für sich allein schön und hell zu haben, so erlosch es. Es konnte seinen Glanz nur verbreiten, wenn man ständig davon verteilte. Deshalb sind Engel nie von Finsternis umgeben, es ist das gleiche Geheimnis, das das wahre Wesen der Liebe umfaßt.

Von diesem Licht wollte er ihnen geben, damit sie sich dem weihnachtlichen Wunder der wahren Menschwerdung öffneten und sich verwandeln ließen von der Kraft der Liebe, die alles kaputte Leben heilen, Rastlosigkeit zur Ruhe bringen und Frieden schenken kann. Wie aber sollte er das anstellen? Wo konnte er sie erreichen, die sie jetzt so gar keine Zeit für die Liebe zu sich selbst oder gar für die Liebe zu anderen hatten?

Wie oft sah er, daß sie gerade denen teure Geschenke kauften, denen sie eigentlich sagen wollten, daß sie sie lieb hätten! Wie oft sah er, daß sie vorgedruckte Karten verschickten, anstatt ein eigenes liebes Wort zu sagen oder zu schreiben! Wie oft kam es vor, daß sie Menschen vergaßen, Besuche unterließen, Begegnungen versäumten, wohl manches Mal auch aus Angst, es könne ihnen daraus für ihr Leben eine Unruhe erwachsen, die sie aus dem Gleichmaß ihrer täglichen Ordnung bringen könnte. Wie viele hatten schon ihre Träume verloren, ihre Sehnsüchte vergessen, ihre Gefühle in Forderungen erstickt – und dadurch die Menschen verloren, die ihrem Leben einst Sinn und Kraft gegeben hatten.

»Sie aus ihren Verkehrtheiten herausholen«, flüsterte der kleine Engel noch einmal seinen Auftrag vor sich hin. Da kam ihm eine Idee. Bei Nacht sank er lautlos auf einem Mondstrahl zur Erde nieder und in die Häuser der Menschen hinein. Es schenkte ihnen frohe Träume und berührte sie leise mit dem himmlischen Licht, so daß sie im Schlaf zu lächeln begannen. »Aber am Morgen« dachte er, »wenn sie erwachen, führen sie ihre seligen Träume nicht auf die göttlichen Kräfte zurück, und alles wird sein wie zuvor. Ich muß sie in ihrer Alltagswelt erinnern an das, was wirklich wichtig ist, damit sie das Licht, das ich in ihre Träume gesenkt habe, weitergeben und es endlich hell wird auf Gottes kostbarem Planeten.«

Und er verschwand in ihren Büros und löschte mutig ein paar Termine aus ihren Kalendern, so daß Raum wurde für neue Gedanken. »Sei wachsam für das Wunder, das dir täglich begegnen kann«, stand da plötzlich, oder: »Versuche herauszufinden, was wirklich für dich wichtig ist, und versuche das, so gut es geht, zu leben.« Oder: »Schaue einmal denen wieder in die Augen und durch die Augen in das Herz, die du lieb hast – und vielleicht traust du dich ja auch, es ihnen zu sagen.«

Bei Schülerinnen und Schüler stand schon mal auf dem Stundenplan: »Hilf deiner Klassenkameradin, die so lange gefehlt hat« oder: »Kümmere dich um den Mitschüler, der aus einem anderen Land kommt und Probleme mit der deutschen Sprache hat.«

Auf manchem häuslichen Putzplan reduzierte der Engel die Großkampftage vor dem Fest, er schrieb: »Nimm dir Zeit für deine Seele, damit die Menschen nicht nur durch geputzte Fenster in dein Haus, sondern auch durch deine Augen in dich selbst hineinschauen und dir so neu begegnen können.«

Auch an die Einsamen dachte er, an die, die meinten, zu nichts mehr nütze zu sein. Ihnen schrieb er mitten ins Herz, daß zwei Häuser weiter ein Kranker alleine sei, im gleichen Haus eine Mutter mit drei kleinen Kindern jemanden bräuchte, der gelegentlich auf die Kleinen aufpaßt – und ein alter Schulfreund nun auch in diese Stadt gezogen sei.

Die Traurigen, die sich ganz in sich selbst zurückgezogen hatten, brachte er in Verbindung mit den Quellen des göttlichen Lichts, die in der Tiefe eines jeden Menschen verborgen sind, damit ihnen in aller Stille von innen her allmählich Trost zuwuchs.

Er öffnete die Herzen der Übersättigten, von ihrer Fülle den Hungernden an allen Ecken und Enden der Welt abzugeben. Den Armen wiederum träumte, daß die Reichen Freude daran bekämen, die Güter der Erde, die allen gleichermaßen gehören, mit ihnen zu teilen, so daß ihnen wieder Mut und Hoffnung zuwuchs für den kommenden Tag.

Denen, die ihre Lebendigkeit in lauter Versagensangst, in übertriebenem Pflichteifer oder in Minderwertigkeitsgefühlen begruben, lenkte er den Blick auf das Kind in der Krippe, das sagen will: Gott wird ganz Mensch, mit allen Schwächen, Mängeln und Hilflosigkeiten. Deshalb brauchst du dich auch nicht ständig krampfhaft zu bemühen, um vor den Menschen gut zu sein und alles richtig zu machen. Denn vor Gott bist du, unabhängig von dem, was du leistest, etwas wert, du bist richtig, so wie du bist.

»Wenn sie doch spüren würden«, dachte er, »daß sie in ihrer Mitte ein Engel berührt, der sie dazu beleben und bewegen will, daß ihr Leben heller, weiter, tiefer und dadurch auch leichter werden kann.«

Und eifrig machte er sich wieder an die Arbeit. Die ganze Nacht hatte er alle Hände voll zu tun. Als er beim ersten schwachen Lichtstrahl der Morgenröte aus der Stadt heraustrat, hatte ein Hauch von Rauhreif Feld und Wald wundersam bedeckt.

»Wie sich über Nacht doch alles verwandeln kann in Gottes Welt«, dachte er tief berührt. »Wenn doch auch mein Werk die Herzen der Menschen so tief berührt. »Wenn doch auch mein Werk die Herzen der Menschen so verwandeln könnte, daß ihr Leben liebevoller, zärtlicher, heilvoller und friedlicher wird.«

»Einen Anfang sollte ich machen«, flüsterte er noch einmal leise vor sich hin. »Ob sie wohl etwas daraus machen, die Menschen?!«

Weihnachtspost

EDITH SCHREIBER-WICKE

Novalis saß am Fenster und schaute den Schneeflocken zu. Sie sahen hübsch aus, aber er wußte genau: Wenn man sie fing, waren sie erst kalt, dann naß und dann weg. Außerdem mußte man dazu ins Freie gehen, und dort war es derzeit äußerst ungemütlich. Es machte mehr Spaß, im warmen Zimmer zu sitzen und die wirbelnden Dinger mit den Augen zu verfolgen.

Tina kam, um Novalis zu streicheln. Ein wenig ungeduldig wich er aus. Daß die Menschen nie bemerkten, wenn eine Katze anderwärts beschäftigt war ... Besonders die ganz kurzen Menschen, wie Tina einer war.

»Ich schreib' einen Brief ans Christkind«, sagte Tina zu Novalis. »Weil ich mir nämlich eine Menge Sachen wünsche. Und die muß man dem Christkind aufschreiben, sonst vergißt es womöglich was.«

Novalis hörte aufmerksam zu. Das interessierte ihn. Wünsche hatte er nämlich auch.

Tina nahm ein Stück Papier und begann blaue Zeichen draufzumalen.

Novalis hätte gern gewußt, wer dieses Christkind war. Und wo. Und warum es Wünsche erfüllte. Jedenfalls mußte es ziemlich schlau sein, wenn es die Zeichen verstehen konnte, die Tina aufs Papier kritzelte. Novalis schaute mit schiefgelegtem Kopf zu. Ich will auch einen Brief schreiben, dachte er. Und er begann, in Gedanken zu formulieren:

Wertes Christkind,

wenn Du wirklich so lieb bist, wie allgemein behauptet wird, dann ersuche ich Dich höflich um die Erfüllung folgender Wünsche:

1. Keine verschlossenen Türen mehr im Haus. Ich hasse Türen, die zu sind.

2. Öfter mal Fisch zum Frühstück – oder auch zum Abendessen. Ich liebe Fisch.

3. Das wichtigste: Schick mir einen Kollegen. Menschen sind ganz nett, aber eben doch nur Menschen. Und gelegentlich will man kätzisch reden.

Es reicht Dir die Pfote zum Gruß und Dank Novalis, derzeit einziger Kater hier.

So, dachte Novalis. Jetzt muß ich nur noch Zeichen auf ein Papier bringen. Das gehört offensichtlich dazu.

Er versuchte es mit einem von Tinas Schreibstiften. Aber das Ding war nicht für Katzenpfoten gedacht. Es rollte über den Tisch und fiel auf den Boden. Tina sagte etwas Unfreundliches zu Novalis.

Beleidigt ging Novalis ins Nebenzimmer. Einer von den großen Menschen saß da und zeichnete schwarze Striche auf ein weißes Papier. Die schwarze Farbe kam aus einem kleinen Tiegel, wie Novalis feststellte. Papier lag auch genug herum. Vorsichtig tauchte Novalis eine Pfote in den Tiegel und setzte sie dann auf weißes Papier.

»Ausgesprochen schön«, stellte er fest. »Das wird dem Christkind bestimmt gefallen.«

Die laute, aufgeregte Stimme des Menschen schreckte ihn aus seiner Beschäftigung. »Laß das, du Untier. Troll dich da! Ausgerechnet ans Tuschfaß muß er! Dieser Kater kostet mich meine letzten Nerven!«

Novalis flüchtete und reinigte seine schwarze Pfote am Vorzimmerteppich. Menschen! dachte er verstimmt. Haben einfach von nichts eine Ahnung. Grollend zog er sich unter ein Sofa zurück und versuchte, seine noch immer schwarze Pfote mit der Zunge zu säubern.

Auf einer geräumigen Wolke saßen mehrere Engel und sortierten Briefe.

»Was sich die Menschen so alles wünschen!« sagte einer der Engel kopfschüttelnd.

»Weiß jemand, was ein Computerspiel ist?« rief ein anderer.

»Keine Ahnung«, sagte ein dritter. »Noch nie gehört. Wie ich neu hier war, haben sich die Kinder Märchenbücher und Zuckerwerk vom Christkind gewünscht. Allerhöchstens einmal warme Winterschuhe.«

»Oh, was haben wir denn da?« Einer der Engel hob ein weißes Papier mit schwarzen Pfotenabdrücken hoch. »Der Absender muß eine Katze sein. Das kommt nicht oft vor. Kann wer zufällig die Katzenschrift lesen?«

»Der Oberpostengel, soviel ich weiß«, rief jemand.

Und so landete der Brief mit den schwarzen Pfotenspuren auf einer rosaroten Eilwolke, die für den Oberpostengel bestimmt war.

»Du lieber Himmel, ein Brief von einer Katze! So was hab' ich zuletzt vor mehr als dreihundert Jahren in den Händen gehabt«, brummte der Oberpostengel. Er setzte eine goldgefaßte Brille auf und studierte eine Weile die schwarzen Spuren auf dem Papier. »Keine Chance«, murmelte er schließlich, »das muß an allerhöchster Stelle erledigt werden.« Und er gab den Brief einem Expreß-Engel mit, der soeben vorbeiflog.

Das Christkind nahm gerade einen Stapel Post aus dem Fach mit der Aufschrift »Unmögliches«. So ganz nebenbei fiel sein

Blick auf das Blatt Papier, das der Expreß-Engel abgegeben hatte. Das Christkind lächelte ... Wenig später lag der Wunschzettel, den Novalis geschrieben hatte, in der Abteilung »Genehmigt«. Versehen mit der eigenhändigen, allerhöchsten Unterschrift.

Novalis war wieder einmal beleidigt. Sie ließen ihn nicht auf den Tannenbaum klettern, den sie im großen Zimmer aufgestellt hatten. Sie schimpften, weil die Silberbälle alle zerbrochen waren. Er hatte doch nur ausprobiert, ob wenigstens einer hüpfen konnte. Und von den Glitzerfäden am Baum war ihm schrecklich schlecht geworden. Jetzt lag er unter dem Sofa und nahm übel.

Weihnachten ist blöd, dachte er. Nie wieder schreib' ich dem Christkind einen Brief.

Die großen Menschen stapelten Pakete rund um den Tannenbaum. Es raschelte interessant, und Novalis kam unter dem Sofa hervor. Aber jetzt war es ihnen wieder nicht recht, daß er anfing, auszupacken. Obwohl er das mit seinen Krallen wirklich hervorragend konnte.

»Das ist kein Kater, das ist eine Katastrophe«, sagte einer der Menschen.

Novalis verstand nicht genau, was damit gemeint war. Aber daß es nichts Freundliches war, merkte auch der dickfelligste Kater. Und Novalis war nicht besonders dickfellig.

Er ging, um bei Tina Trost zu suchen. Die Zimmertür war wieder einmal zu. Auch das noch. Und niemand reagierte auf seine empörte Beschwerde. Zur Strafe kratzte er am Spannteppich. Dann legte er sich in eine Schachtel unter dem großen, gemauerten Ofen und beschloß, Weihnachten zu verschlafen. Nach Katzenart schlief er auch tatsächlich sofort ein. Novalis wachte von Tinas Stimme auf. »Novalis ist weg. Ich find' ihn nirgends«, beklagte sie sich. »Ohne ihn kann man doch nicht Weihnachten feiern.«

Novalis fühlte sich verstanden, gähnte zufrieden und kam aus seinem Versteck.

»Wir lesen noch eine Weihnachtsgeschichte, bis es ganz dunkel ist«, sagte einer der großen Menschen.

»Komm zuhören, Novalis!« rief Tina. »Geschichten sind fein.«

Na gut, weil Weihnachten ist, dachte Novalis friedfertig und legte sich neben Tina aufs Sofa.

Der Mensch mit der tiefen Stimme begann, aus einem dicken Buch vorzulesen.

Den Anfang der Geschichte versäumte Novalis, weil er versuchte, eine Fliege zu fangen. Aber dann hörte er zu. Es war alles ganz furchtbar traurig. Nirgends wollte man Josef und Maria einen Schlafplatz und was zu essen geben. Wo es doch so kalt draußen war. Novalis war nicht ganz sicher, ob mit Josef und Maria Menschen oder Katzen gemeint waren. Das machte aber auch keinen Unterschied. Nicht einmal einen Menschen durfte man bei so einem Wetter fortjagen! Er schüttelte sich bei dem Gedanken an Schnee, Kälte und Hunger.

»Seid barmherzig, laßt uns ein«, las der große Mensch.

Novalis stellte die Ohren auf. Irgendwas scharrte an der Tür. »Packt euch fort, hier ist kein Platz für euch«, las der Mensch weiter. Diesmal war das Geräusch an der Tür nicht zu überhören. »Paßt ja direkt zur Geschichte«, sagte der Mensch. Er legte das Buch weg und ging hinaus, um nachzuschauen.

»Seht einmal, was da draußen war«, sagte der Mensch, als er wieder hereinkam. Er setzte ein struppiges, nasses Etwas auf den Fußboden, das sich zunächst einmal kräftig schüttelte und dann dreimal nieste.

Das könnte eine Katze werden, wenn es trocknet, dachte Novalis. Er ging schnuppernd näher. Das nasse Etwas nieste wieder und wich vor Novalis zurück.

»Kommst du vom Christkind?« fragte Novalis.

»Kenn' ich nicht«, sagte das Nasse. »Ich geh' am besten wieder.«

»Kommt nicht in Frage«, brummte Novalis. »Du bist mein Weihnachtsgeschenk.«

»Ich koche Fisch für die Katzen«, sagte der Mensch mit der hellen Stimme.

Noch ein Geschenk, staunte Novalis. Nie wieder schimpf' ich auf Weihnachten.

Nach einer Weile kam der Mensch mit der hellen Stimme wieder und sagte zu dem Menschen mit der dunklen Stimme: »Hast du schon bemerkt? Im ganzen Haus kann man die Türen nicht mehr zumachen. Sie klemmen oder so was Ähnliches.«

Also gründlich ist es. Das muss man dem Christkind wirklich lassen, dachte Novalis.

Ein Weihnachtsengel

WALTER BENJAMIN

Mit den Tannenbäumen begann es. Eines Morgens, noch ehe Ferien waren, hafteten an den Straßenecken die grünen Siegel, die die Stadt wie ein großes Weihnachtspaket an hundert Ecken und Kanten zu sichern schienen. Dann barst sie eines schönen Tages dennoch, und Spielzeug, Nüsse, Stroh und Baumschmuck quollen aus ihrem Innern: der Weihnachtsmarkt. Mit ihnen aber quoll noch etwas anderes hervor. Die Armut. Wie nämlich Äpfel und Nüsse mit ein wenig Schaumgold neben dem Marzipan sich auf dem Weihnachtsteller zeigen durften, so auch die armen Leute mit Lametta und bunten Kerzen in den bessern Vierteln. Die Reichen aber schickten ihre Kinder vor, um denen der Armen wollene Schäfchen abzukaufen oder Almosen auszuteilen, die sie selbst vor Scham nicht über ihre Hände brachten. Inzwischen stand bereits auf der Veranda der Baum, den meine Mutter insgeheim gekauft und über die Hintertreppe in die Wohnung hatte bringen lassen. Und wunderbarer als alles, was das Kerzenlicht ihm gab, war, wie das nahe Fest in seine Zweige mit jedem Tage dichter sich verspann. In den Höfen begannen die Leierkästen die letzte Frist mit Chorälen zu dehnen. Endlich war sie dennoch verstrichen und einer jener Tage wieder da, an deren frühesten ich mich hier erinnere. In meinem Zimmer wartete ich, bis es sechs werden wollte. Kein Fest des späteren Lebens kennt diese Stunde, die wie ein Pfeil im Herzen des Tages zittert. Es war schon dunkel, trotzdem entzündete ich nicht die Lampe, um den Blick nicht von den dunklen Fenstern überm Hof zu wenden, hinter denen nun die ersten Kerzen zu sehen waren. Es war von allen Augenblicken, die das Dasein des Weihnachtsbaumes hat, der heimlichste, in dem er Nadeln und Geäst dem Dunkel opfert, um nichts zu sein als nur ein unnahbares und doch nahes Sternbild im trüben Fenster einer Hinterwohnung.

Doch wie ein solches Sternbild hin und wieder eins der verlassenen Fenster begnadete, indessen viele weiter dunkel blieben und andere, noch trauriger, im Gaslicht der frühen Abende verkümmerten, schien mir, daß diese weihnachtlichen Fenster die Einsamkeit, das Alter und das Darben – all das, wovon die armen Leute schwiegen – in sich faßten. Dann fiel mir wieder die Bescherung ein, die meine Eltern eben rüsteten. Kaum aber hatte ich so schweren Herzens wie nur die Nähe eines sicheren Glücks es macht, mich von dem Fenster abgewandt, so spürte ich eine fremde Gegenwart im Raum. Es war nichts als ein Wind, so daß die Worte, die sich auf meinen Lippen bildeten, wie Falten waren, die ein träges Segel plötzlich vor einer frischen Brise wirft.

»Alle Jahre wieder
Kommt das Christuskind
Auf die Erde nieder,
Wo wir Menschen sind«

– mit diesen Worten hatte sich der Engel, der in ihnen begonnen hatte, sich zu bilden, auch verflüchtigt. Doch nicht mehr lange blieb ich im leeren Zimmer. Man rief mich in das gegenüberliegende, in dem der Baum nun in die Glorie eingegangen war, welche ihn mir entfremdete, bis er, des Untersatzes beraubt, im Schnee verschüttet oder im Regen glänzend, das Fest da endete, wo es ein Leierkasten begonnen hatte.

3

DER GEHEIMNISVOLLE MANN
AUS MYRA

Knecht Ruprecht

THEODOR STORM

Von drauß', vom Walde komm ich her.
Ich muß euch sagen, es weihnachtet sehr!
Allüberall auf den Tannenspitzen
sah ich goldene Lichtlein blitzen.
Und droben aus dem Himmelstor
sah mit großen Augen das Christkind hervor.
Und wie ich so strolcht durch den finsteren Tann,
da rief's mich mit heller Stimme an:
Knecht Ruprecht, rief es, alter Gesell,
hebe die Beine und spute dich schnell!
Die Kerzen fangen zu brennen an,
das Himmelstor ist aufgetan.
Alt und Junge sollen nun
von der Jagd des Lebens einmal ruhn.
Und morgen flieg ich hinab zur Erden,
denn es soll wieder Weihnachten werden!
Ich sprach: O lieber Herre Christ,
meine Reise fast zu Ende ist.
Ich soll nur noch in diese Stadt,
wo's eitel gute Kinder hat.
Hast denn das Säcklein auch bei dir?
Ich sprach: Das Säcklein, das ist hier,
denn Äpfel, Nuss und Mandelkern
essen fromme Kinder gern.

Hast denn die Rute auch bei dir?
Ich sprach: Die Rute, die ist hier.
Doch für die Kinder nur, die schlechten,
die trifft sie auf den Teil, den rechten.
Christkindlein sprach: So ist es recht.
So geh mit Gott, mein treuer Knecht!
Von drauß', vom Walde komm ich her.
Ich muß euch sagen, es weihnachtet sehr.
Nun sprecht, wie ich's herinnen find:
Sind's gute Kind, sind's böse Kind.

Knecht Ruprecht

Geheimnis und Legende

Der Goldklumpen

Nikolaus war ein Bürger der Stadt Patera. Seine Eltern waren wohlhabend und fromm. Sein Vater hieß Epiphanes, seine Mutter Johanna. Seine Eltern hatten ihn in der ersten Blüte ihrer Jugend auf die Welt gebracht. Danach lebten sie in völliger Keuschheit. Schon am ersten Tag stand Nikolaus aufrecht in der Wanne, als er gebadet wurde. Außerdem saugte er am vierten und am sechsten Tag der Woche nur einmal an der Mutterbrust. Als junger Mann mied er die Ausgelassenheit der anderen, ging lieber häufig in die Kirche und prägte seinem Gedächtnis ein, was er dort über die Heilige Schrift erfahren konnte. Nach dem Tode seiner Eltern begann er zu überlegen, wie er die so große Fülle seines Reichtums nicht zur Vermehrung seines Ansehens bei den Menschen, sondern zur Ehre Gottes verwenden könnte.

Damals war einer seiner Nachbarn, ein sehr vornehmer Mann, durch Armut gezwungen, seine drei Töchter, die noch Jungfrauen waren, der gewerblichen Unzucht auszusetzen, um sich von ihrem so schändlichen Geschäft zu ernähren. Als der Heilige das erfuhr, erschauderte er vor dem Verbrechen und warf nachts heimlich einen in Lappen eingewickelten Goldklumpen durch das Fenster ins Haus des Nachbarn und zog sich dann unentdeckt zurück. Als der Mann am nächsten Morgen aufstand, fand er den Goldklumpen, dankte Gott und feierte damit die Hochzeit seiner ältesten Tochter. Nicht viel später vollbrachte der Knecht Gottes eine ähnliche Tat. Wieder fand der Mann einen Goldklumpen, lobte Gott über alle Maßen und nahm sich vor, beim nächsten Mal wach zu bleiben, um zu erfahren, wer es sei, der ihm in seiner Not zu Hilfe gekommen sei. Nach wenigen Tagen warf Nikolaus einen doppelt so großen Goldklumpen in das Haus. Von diesem Geräusch wurde der Mann wach, folgte Nikolaus, als er fliehen wollte, und sprach folgende Worte zu ihm: »Bleib stehen und laß dich ansehen.« Und dann lief er noch schneller und erkannte so, daß es Nikolaus war. Darauf warf er sich zu Boden und wollte ihm die Füße küssen. Doch Nikolaus wies ihn zurück und forderte ihn auf, nicht öffentlich über ihn zu reden, solange er lebe.

Wie Nikolaus Bischof wurde

Nach dem Tode des Bischofs von Myra kamen die anderen Bischöfe zusammen, um über den neuen Bischof für seine Gemeinde zu beraten. Es war aber unter ihnen ein Bischof von hohem Ansehen, von dessen Entscheidung die Meinung aller anderen abhing. Als er sie alle ermahnt hatte, streng zu fasten und zu beten, hörte er in jener Nacht eine Stimme, die zu ihm sagte, er solle zur Stunde des Frühgebets das Kirchentor im Auge behalten und wen er als ersten – sein Name sei übrigens Nikolaus – zur Kirche kommen sehe, den solle er zum Bischof weihen.

Das erzählte er also den anderen Bischöfen und ermahnte sie, daß sie alle eifrig beten sollten; er selbst werde vor dem Kirchentor Wache halten. Auf wunderbare Weise erschien Nikolaus als erster wie von Gott gesandt zur Stunde des Frühgebets. Der Bischof hielt ihn an und fragte ihn: »Wie heißt du?« Da er erfüllt war von taubenhafter Einfalt, antwortete er mit gesenktem Blick: »Nikolaus, ein Diener Eurer Heiligkeit.« Daraufhin führten sie ihn in die Kirche und setzten ihn auf den Bischofsstuhl, obwohl er sich sehr dagegen sträubte. Er bewies aber in allem, was er tat, dieselbe Demut und Ernsthaftigkeit wie bisher. Betend verbrachte er seine Nächte. Seinen Körper unterzog er einer strengen Askese.

Er verzichtete auf dem Umgang mit Frauen. Er war demütig im Verkehr mit allen Menschen. Seine Worte waren wirkungsvoll. Er war ein eifriger Mahner, und im Tadeln war er streng. Nikolaus soll auch, wie in einer alten Chronik zu lesen ist, am Konzil zu Nikäa teilgenommen haben.

Nikolaus und Jonas
mit der Taube

WILLI FÄHRMANN

Schon viele Monate brannte die Sonne Tag für Tag auf die Erde. Das Gras färbte sich braun und raschelte dürr im Wind. Auf den Feldern verdorrte das Korn. Selbst an den großen Bäumen begann das Laub zu welken. Keine Wolke zeigte sich am Himmel. Es wollte und wollte nicht regnen. Die Wasserstellen waren längst ausgetrocknet. Nur die tiefsten Brunnen spendeten noch Wasser. Die Frauen schöpften daraus. In Krügen trugen sie das kostbare Wasser auf ihren Köpfen heim. Die Tiere fanden nicht ein grünes Kraut. Auch die Menschen litten Hunger. Über das ganze Land verbreitete sich eine Hungersnot.

In der Stadt Myra waren die Vorratskammern längst leer. Selbst für viel Geld gab es keinen Bissen mehr zu kaufen. Die Kinder weinten und schrien nach Brot. Doch die Mütter konnten ihnen nicht einmal eine harte Kruste geben. Die Ratten liefen bereits am hellen Tag durch die Straßen und suchten in den Gossen nach Nahrung. Sie fanden nichts.

Da näherten sich eines Tages drei Schiffe dem Hafen am Meer. Sie kamen aus der fernen Stadt Alexandria. Schwer beladen waren sie und lagen tief im Wasser. Sie wollten Korn in die Kaiserstadt Konstantinopel bringen.

Nikolaus war zu dieser Zeit Bischof in der Stadt Myra. An dem Tag, als die Schiffe auf den Hafen zusteuerten, machte er sich auf den Weg. Er wollte einen Kranken besuchen.

Unterwegs bemerkte er einen Jungen, der die Straße zum Hafen hinablief. Trotz aller Eile barg er behutsam eine blaue Taube an seiner Brust.

»Wer bist du?« fragte der Bischof den Jungen und schritt neben ihm her.

»Ich bin Jonas mit der Taube.«

»Deine Taube ist ein schöner Vogel«, sagte der Bischof.

»Sie ist müde und matt«, klagte der Junge. »Vorgestern gab ich ihr das letzte Maiskorn, das ich hatte. Seit gestern rührt sie keinen Flügel mehr.«

»Und wohin willst du so eilig?« fragte der Bischof.

Da antwortete der Junge: »Ich will zum Hafen, Herr Bischof. Da sollen drei Schiffe festgemacht haben.«

»Drei Schiffe?« Der Bischof staunte. »Was wollen denn Schiffe in unserem Hafen? Bei uns gibt es nichts mehr, was sie einladen könnten.«

»Die Schiffe sind voll beladen«, sagte der Junge.

»Kornschiffe sind es. Sie kommen aus Alexandria und wollen nach Konstantinopel weitersegeln.«

Da nahm Nikolaus den Jungen bei der Hand und ging mit ihm zum Hafen. Schiffe, mit Korn hoch beladen, das konnte die Rettung für die Menschen in Myra bedeuten. Aus Korn kann man Mehl mahlen. Aus Mehl wird Brot. Brot stillt den Hunger. Korn bedeutet das Ende der Hungersnot. Niemand mußte mehr am Hunger sterben. Brot, das war Hoffnung in Todesnot.

Auf dem freien Platz vor dem Hafen drängten sich viele Menschen. Sie waren herbeigeeilt, weil sie die Kornschiffe sehen wollten. Jeder hoffte, daß er Korn kaufen könnte.

»Ich werde Korn für meine Taube bekommen«, sagte der Junge. Weil sein Magen vor Hunger knurrte, fügte er hinzu: »Und auch für mich möchte ich Korn haben.«

Doch es war kein Jubel zu hören. Niemand stieß einen Freudenschrei aus. Stumm standen die Menschen und starrten auf die

Schiffe. An der Bordwand der Lastschiffe hatten sich die Matrosen versammelt. Sie trugen Lanzen in den Händen. Drohend richteten sie die Spitzen ihrer Waffen gegen die Menge. Jonas mit der Taube hielt die Hand des Bischofs ganz fest. Er hatte Angst vor den finsteren Gesichtern der Matrosen.

Nikolaus drängte sich bis zur Hafenmauer vor. »Wo ist der oberste Kapitän dieser Schiffe?« rief er. »Ich möchte mit ihm sprechen.«

»Ich bin der oberste Kapitän«, antwortete ein großer, schwarzbärtiger Mann.

»Kann ich zu dir auf das Schiff kommen?« fragte der Bischof.

»Komm auf das Schiff, aber komm allein!« sagte der Kapitän.

Zwei Matrosen schoben ein schmales Brett vom Schiff bis auf die Ufermauer. Nikolaus ließ die Hand des Jungen los und schritt über den schwankenden Steg. Die Planke wippte.

Dem Bischof wurde ein wenig schwindelig. Da lief Jonas mit der Taube ihm leichtfüßig nach. ergriff wieder seine Hand und führte den Mann sicher hinüber. Beide gelangten heil an Bord des Schiffes.

»Was willst du von mir?« fragte der Kapitän.

»Du siehst, Kapitän, die Leute in Myra leiden großen Hunger. Nirgendwo in der ganzen Gegend kann man Brot kaufen. Deine Schiffe sind bis an den Rand mit Korn gefüllt. Verkaufe den Leuten einen Teil deiner Ladung.«

»Das darf ich nicht«, antwortete der Kapitän. »In Alexandria ist die Ladung genau gewogen worden. Kein Korn zuviel, kein Korn zuwenig. Du weißt selber, was mit einem Kapitän geschieht, der seine Ladung nicht bis auf das letzte Pfund in Konstantinopel abliefert. Der Kaiser läßt ihm den Kopf abschlagen.«

»Aber die Leute müssen sterben, wenn du ihnen nicht hilfst«, sagte der Bischof.

Einen Augenblick lang dachte der Kapitän nach. Dann aber

schüttelte er den Kopf und sagte: »Mein Hals ist mir näher als euer Hunger. Wenn ich zwei Köpfe besäße, dann würde ich einen wohl wagen, um euch aus der Not zu helfen.«

»Hat nicht der Heiland mit fünf Broten die große Volksmenge satt gemacht? Sind nicht damals zwölf Körbe voll Brot übriggeblieben?« fragte der Bischof. »Hilf uns, und kein Körnchen wird an deiner Ladung fehlen.«

»Ich kenne die Jesusgeschichte sehr gut«, sagte der Kapitän. »Wenn das stimmt, daß mir kein einziges Korn fehlen wird, dann will ich dir helfen.«

Der Kapitän zog ein Stück Kreide aus der Tasche. Er kletterte an der Strickleiter bis zum Wasser hinunter. Genau dort, wo das Wasser die Schiffsplanken berührte, machte er einen Kreidestrich an die Bordwand. Neugierig beugte sich Jonas mit der Taube über die Reling und schaute ihm zu.

»Wir werden es sehen«, sagte der Kapitän listig. »Ihr könnt von dem Korn nehmen, soviel ihr wollt. Doch ihr tragt es nicht weg, sondern schüttet es auf das Pflaster des freien Hafenplatzes. Wenn die Ladung leichter wird, hebt sich mein Schiff ein wenig aus dem Wasser. Der Kreidestrich steigt dann höher hinauf. Wenn das geschieht, müßt ihr das ganze Korn wieder einladen. Ihr gebt euch dann zufrieden.« Nikolaus nickte.

»Stimmt aber dein Wort«, fuhr der Kapitän fort, »dann steigt das Schiff kein Stückchen, und der Kreidestrich wird genau in der Höhe des Wasserspiegels bleiben. Die Ladung wird, wie du gesagt hast, nicht leichter. In diesem Fall könnt ihr das Korn behalten, das ausgeladen wurde.«

Die Matrosen lachten. Sie kannten ja das Ergebnis schon im voraus.

»Warum lachst du?« fragte Jonas mit der Taube den alten Matrosen, der neben ihm stand.

»Hat je ein Mensch erlebt, daß ein Schiff sich nicht aus dem

Wasser hebt, wenn es ausgeladen wird?« antwortete der Matrose.

»Bischof Nikolaus lügt nicht, wart es nur ab«, sagte Jonas mit der Taube. Da streichelte der alte Matrose mit seinen rauhen Händen ganz zart das Kopfgefieder der Taube, bückte sich, griff eine Handvoll von den Körnern und steckte sie dem Jungen in die Tasche. »Da«, sagte er, »damit du nicht ganz vergebens geglaubt hast.«

Einige Männer aus Myra durften über die Planke gehen und das Schiff betreten. Sie luden das Korn in Säcke, hoben die Last auf ihre Schultern und schleppten sie an Land. Dort schütteten sie die goldenen Körner auf das glatte Steinpflaster. Allmählich wuchs der Körnerhaufen zu einem kleinen Hügel.

»Schluß jetzt!« rief der Kapitän. »Wir wollen sehen.« Alle Männer aus Myra mußten das Schiff verlassen. Der Kapitän beugte sich über die Bordwand und schaute nach dem Kreidestrich.

Er traute seinen Augen nicht und kletterte die Leiter hinunter. Der Kreidestrich und der Wasserspiegel standen immer noch auf gleicher Höhe. Ungläubig starrte er auf die schwarzen Planken. Doch es gab keinen Zweifel, das Schiff war nicht leichter geworden.

Vielleicht ist es noch nicht genug, dachte er und befahl: »Weiter! Nehmt mehr von dem Korn!«

»Siehst du?« sagte Jonas mit der Taube zu dem alten Matrosen. Dann hockte er sich auf die Planken des Schiffes nieder. Er hatte für sich selbst noch keinen Bissen von dem Korn genommen. Seine Taube aber pickte Korn um Korn aus seiner hohlen Hand.

Viele Säcke leerten die Männer aus. Der Berg von Korn wurde schließlich so hoch, daß kein Mensch darüber hinwegschauen konnte. Der Kapitän aber wandte kein Auge von dem Kreidestrich. Doch dieser stieg nicht einen Fingerbreit aus dem Wasser. Das Schiff wurde nicht leichter.

Auch die Matrosen sahen es jetzt: Im Schiffsbauch wurde das Korn nicht weniger, soviel die Männer auch aus dem Laderaum herausschleppten.

»Genug, ihr Männer!« sagte schließlich der Bischof. »Das Korn reicht aus. Wir haben genug zu essen bis zur nächsten Ernte. Und für die neue Saat wird das Korn auch reichen. Die Hungersnot hat ein Ende.«

Da fielen alle, die dabei gewesen waren, auf die Knie nieder. Sie lobten und dankten Gott. Die einen dachten dabei an das Wunder, das sie mit eigenen Augen gesehen hatten, und die anderen dachten an die Hungersnot, aus der sie so wunderbar errettet worden waren.

Die Matrosen aber legten ihre Lanzen nieder und verließen die Schiffe. Die Menschen von Myra reichten ihnen die Hände. Sie waren glücklich und jubelten Bischof Nikolaus zu. Der bestimmte Männer, die von dem Korn an die Leute austeilten. Jonas mit der Taube ritt hoch auf den Schultern des alten Matrosen vom Schiff hinab auf den Platz am Hafen.

»Er hat es von Anfang an geglaubt, rief der alte Matrose laut über den Platz. Später segelten die drei Schiffe wieder davon, der fernen Stadt Konstantinopel zu. Die Taube aber regte ihre Flügel, hob sich hoch in die Luft und begleitete die Schiffe ein Stück auf das Meer hinaus. Dann erst kehrte sie zu dem Jungen zurück.

Wer diese Legende kennt, der weiß, warum die Armen und Hungernden den heiligen Nikolaus besonders verehren. Auch heute noch singen die Kinder:

»Nikolaus, komm in unser Haus,
pack die große Tasche aus.«

Willi Fährmann

Gäste im »Stern«

GENO HARTLAUB

An der Ecke, dort wo ein dunkles Haus wie der Kiel eines Schiffes in den Dämmerhimmel aufragte, hing ein Schild mit der Aufschrift »Gasthof zum Stern«, unter ihm eine matt erleuchtete Milchglaskugel, auf der »Apostelbräu« stand. Das erste, was Karl bei seinem Eintritt vom Schankraum sah, war der Spiegel über der Theke und in ihm, neben einem Stilleben der Gläser und Schokoladenpackungen, sein Ebenbild: das Gesicht in der roten Kapuze mit dem Kaninchenpelzrand, merkwürdig klein, wie zusammengeschrumpft durch die tief in die Stirn gezogene Kopfbedeckung und den Bart, der das Kinn und ein Stück der Wangen bedeckte, nur die spitze Nase, die breiten Backenknochen und die ausgeblichenen Augen waren zu sehen. Der Mantel, von dem gleichen billigen Rot wie die Kapuze, war ihm ein paar Nummern zu groß, von den Schultern hing der Stoff in Falten herab, die Ärmel reichten bis über die Fausthandschuhe. Lächerlicher Anblick, traurig und tölpelhaft. Es nützte wenig, Sack und Rute in dem Fach unter der Theke zu verstecken. Kaum war er eingetreten, da riefen sie schon in mehreren Stimmlagen übereinander hinweg: »Der Weihnachtsmann, ein Weihnachtsmann. Hast du uns was mitgebracht?« Er befreite sich von dem Wattebart, dessen Fusseln auf seinen Lippen klebten, schob die Kapuze in den Nacken und zog den rechten Fausthandschuh mit den Zähnen von der Hand. Das Haar stand struppig und steif in die Höhe, die Augen gewannen ein wenig von ihrer Leuchtigkeit zurück, er fuhr sich mit der Zunge über die Lippen und wunderte sich, wie jung er auf einmal wieder aussah trotz der Falten um die Lider und Mundwinkel.

»Hab' ich 'nen Durst«, sagte er mit einem kleinen, hellen, verlegenen Lachen, und er räusperte sich, um die künstliche Heiserkeit, zu der ihn seine Rolle verurteilt hatte, loszuwerden. »Kinder, hab' ich 'nen Durst. Ich könnte ein Maß in einem Zug austrinken.« – »'nen doppelten Korn für unseren Weihnachtsmann«, bestellte sein Nachbar an der Theke, ein kleiner, dicker, fröhlicher Mann, der den Fuß des Barhockers mit angewinkelten Beinen wie ein Frosch umklammert hielt. Die Wirtin, eine Frau von Mitte Fünfzig, die unter der verwischten Wellenfrisur rotgeränderte, wie verweinte Augen hatte, gab eine Runde für die an der Theke stehenden und hockenden Gäste aus. »Weil nur einmal im Jahr Weihnachten ist«, sagte sie. »Na denn Prost«, meinte der Dicke, und ein älterer Mann mit einer dunklen Brille, der seinen Hut auf dem Kopf behalten und seine Aktentasche neben sich auf den Hocker gestellt hatte, hob sein Glas und rief: »Frohes Fest!«

Im Kücheneingang, der durch einen Vorhang verhängt war, erschien der Wirt, ein Bursche wie ein Metzgergeselle, gewaltige Schultern, Stiernacken und dazu ein viel zu kleiner, falsch auf den Hals gesetzter Kopf. Er stellte die Schnapsflasche, aus der seine Frau eingeschenkt hatte, mit einem Ruck beiseite. »Aus ist es«, sagte er, »vor Jahresende gibt's nur noch bare Kasse. An Neujahr soll die Buchhaltung in Ordnung sein.« Der Dicke beugte sich vor, die Ellbogen auf die Metallverkleidung der Theke gestützt. »Und wie geht's unserem Weihnachtsmann? 'n bißchen aufgewärmt, was? Ich könnte mir' ne schönere Arbeit denken als bei dem Sauwetter draußen 'rumlaufen und an die Haustüren klopfen. Oder werben Sie für eine Firma?«

»Voriges Jahr«, sagte Karl und starrte sein Spiegelbild an, auf dem sein Kopf wirr und struwwelig aus dem Pelzkragen hervorschaute, so als sei er soeben aus tiefem Schlummer erwacht und habe sich zwischen Kissen und Federbett aufgerichtet, »voriges Jahr habe ich im Kaufhaus ›Kinderparadies‹ gearbeitet. Bin den ganzen Tag in der schlechten Luft der Spielwarenabteilung hin und her gelaufen. Da hat mich eine Mutter von einem Jungen angehalten und gefragt, ob ich nicht mal zu ihr in die Wohnung kommen könnte, mit der Rute und einem Sack voll Geschenken und so. Warum nicht, hab' ich gedacht und das, was ich sagen sollte, auswendig gelernt. Und dann mit Gepolter die Treppen hinauf, wie es sich gehört. Der Mann hat mir noch zwei Mark extra gegeben, und eine Zigarre. Seitdem mach' ich lieber Außendienst.« Seine kleinen Augen gingen unruhig zwischen den Gästen des »Stern« hin und her, sie schienen um Aufnahme in ihre Gemeinschaft zu bitten. Gerne hätte er den auffallenden Mantel abgestreift, doch er trug darunter nur einen zerrissenen Rollkragenpullover, und der Dicke neben ihm war feiertäglich gekleidet, als sei er auf dem Weg zur Kirche hier hängengeblieben.

»Fast immer«, sagte Karl, der nach dem zweiten Korn ein starkes Redebedürfnis empfand, »geht alles glatt. Nach dem Besuch holterdiepolter wieder die Treppe runter und nichts wie die Haustür hinter sich zugeschlagen und um die nächste Straßenecke gewetzt. Nur heut' muß ich Pech haben.« Er lachte, es klang etwas kümmerlich, noch immer saß ihm die Kälte aus den winddurchwehten Straßen im Genick, »ausgerechnet bei den Leuten aus der Schumannstraße, wo ich schon im vorigen Jahr war, muß mir das passieren. Ich bin schon drei Häuser weiter, schlendere gemütlich an den Vorgärten entlang und will mir gerade 'ne Zigarette anstecken, da hör' ich hinter mir, tap, tap, so'n stapfenden Schritt von Kinderstiefeln. Ich drehe mich um, da ist mir doch der Junge, der dies Jahr in die Schule gekommen ist, auf den Fersen, ohne Mantel, in seinem blauen Matrosenanzug, den sie ihm schon zur Bescherung angezogen haben, läuft mir das Bürschchen nach. Jedesmal, wenn ich mich drohend umdrehe und ihm die Rute zeige, versteckt er sich hinter 'nem Häuservorsprung. Kaum setze ich mich in Bewegung, ist er wieder da, nichts als ein

Schatten und das klägliche Tap-Tap der Stiefelchen auf dem Pflaster. Ich schlag' 'nen Haken, verdufte in die Nebenstraße, der Mantel bläht sich im Wind, laufen konnte ich ja nicht gut, das wäre den Passanten aufgefallen. Das war 'ne schöne Herzpartie. Man fühlt sich ja als hätt' man was ausgefressen, wie'n Gangster, der verfolgt wird vom kleinen Meisterdetektiv. Schließlich wußte ich mir nicht mehr zu helfen und bin in die nächste beste Kneipe hinein.«

Die Gäste lachten, der Dicke aus vollem Halse, ein Herr mit tief in den Nacken gewachsenem Haar und einem Künstlerkopf, der sich bisher nicht eingemischt hatte, stimmt in hohlem Baß ein, der Fernlastfahrer; der in einer Lederjacke an der anderen Ecke der Theke stand, stieß ein paar helle, fröhliche Trompetentöne aus. »Erlauben Sie mal«, sagte der Wirt, »mein Lokal ist keine Kneipe.« – »Ich weiß«, sagte Karl, er zupfte am Mantelkragen aus Kaninchenfell, der ihm plötzlich zu eng geworden war. »Gasthof zum Stern, Apostelbräu. Vierzig Jahre am Platze«, erklärte die Wirtin, wischte die Metallplatte blank und stellte die Gläser mit blind zugreifenden Händen unter den laufenden Wasserstrahl in den Ausguß. Sie sah auf einmal müde und ungesund aus, so als habe sie die vierzig Jahre hindurch an dieser Theke gestanden, die Gläser gespült und das Metall blank gewischt. »Das kommt davon«, sagte sie, »wenn man den Kindern das Blaue vom Himmel vorschwindeln will.«

»Na, Freddi«, rief der Dicke, »wer schmeißt die nächste Runde?«

»Der fragt, denke ich«, meinte der Wirt. Der Dicke schlug Karl gönnerhaft auf die rote Mantelschulter. »So sind die Wirte. Hartherzig und geizig. Haben sich nicht verändert seit den Tagen von Bethlehems Stall.« Die Wirtin stemmte die Hand mit dem tropfenden Lappen in die Seite und rief, plötzlich rot vor Wut: »Machen Sie Ihre blöden Witze woanders.« Gleich darauf brach sie ohne Übergang in hohes haltloses Weinen aus, die Tränen rannen ihr übers Gesicht, sie vergaß, sie abzuwischen, und rieb statt dessen mit dem Tuch auf der Theke hin und her, als wollte sie sich in dem blanken Metallbelag spiegeln.

»Aber, aber«, sagte der Dicke ehrlich bestürzt, »es war doch nur Spaß.«

»Geh in die Küche, Mutter«, der Wirt deutete mit dem durchgedrückten Daumen nach hinten, »da kannst heulen, hier nicht.« Und nachdem sie gegangen war und er ihre Stelle an der Theke eingenommen hatte, sagte er: »Das hat weiter nichts zu bedeuten. Das ist bei ihr jetzt manchmal so. Der Doktor sagt, es sind die Jahre.«

»Kann man den Kasten nicht abstellen?« sagte Karl, als der Musikautomat nach »O du fröhliche ...« auch noch »Stille Nacht ...« spielte, »das Geplärre macht einen nervös.« Der Herr mit dem Künstlerkopf erhob sich und drückte einen Knopf herunter. Im gleichen Augenblick versank der Raum in eine Stille, die nach dem Lärm und Gelächter unnatürlich wirkte. Die Gäste an der Theke standen vor leeren Gläsern, doch keiner von ihnen bestellte etwas Neues. Der Wirt blickte nach der Tür des Lokals, deren Vorhang sich plötzlich im Luftzug blähte, Kälte strömte von draußen ein, Karl fröstelte trotz des roten Wollmantels. »Wer kann denn da die Tür nicht zumachen?« brummte er. Weil er mit dem Rücken zum Eingang saß, war er der einzige, der den Jungen nicht gleich bemerkte, als er den Vorhang auseinanderteilte und mit einem Schritt in die Gaststube eintrat. Niemand wunderte sich über sein Erscheinen. Es war, als hätten sie alle die ganze Zeit über auf sein Kommen gewartet. Das Kind in seinem blauen Matrosenanzug schien nicht zu frieren trotz der nackten Knie, es war ganz ruhig, sein Atem ging gleichmäßig, es schien nur von einem Zimmer ins andere gegangen zu sein. Mit ihm zugleich drang Glockengeläut in die Gaststube ein. Von verschiedenen Kirchen läuteten die Glocken durcheinander, die Töne fielen in das Schweigen, wieder stoßweise und heftig, als habe der Wind sie von einem unsichtbaren Baum geschüttelt. Dann war es wieder still, jemand mußte die Tür zugemacht haben.

Der Junge ging auf Karl zu, zupfte an dem roten Mantelärmel und sagte mit einem hohen, eigensinnigen Stimmchen: »Ich habe recht gehabt, ich habe gewonnen. Er ist verkleidet, der Bart war nicht echt.« Karl drehte sich langsam auf dem Barhocker um und strich dem Kleinen übers Haar. »Ja, Kind«, sagte er hilflos, »so ist das nun mal, so ist das nun mal im Leben.« Die Gäste bildeten einen Halbkreis um den Jungen, der in seinem altmodischen Matrosenanzug mit den glänzenden Schnallenschuhen und dem mädchenhaften Lockenhaar wie aus dem Rahmen eines Familienbildes zu ihnen niedergestiegen zu sein schien. Aus der Küche kam die Wirtin mit einem Stapel von Tellern, den sie klirrend absetzte. »Jesses«, rief sie, »das Kind muß sich ja zu Tode erkälten.« Sie beugte sich über den Thekenrand und streckte die Arme aus. »Wo kommst du denn her? Bist du so über die Straße gelaufen? Wo wohnst du, wem gehörst du?« Sie sprach in gekünsteltem Schriftdeutsch mit übertriebener Betonung, so als könnte das Kind sie nicht verstehen, wenn sie in ihrer gewohnten Art redete.

»Gib ihm lieber einen heißen Kaffee«, sagte der Wirt, der aus irgendeinem Grund mißgestimmt zu sein schien. »Er gehört den Bergers«, erklärte Karl, »Schumannstraße 14. Er ist mir nachgelaufen. Ich erkenne ihn wieder.« Die Wirtin glitt in einem eigenartigen Trippelschritt in die Küche. »Ich schicke das Mädchen 'rüber. Damit die sich nicht aufregen.«

Der Dicke hob den Kleinen vorsichtig wie einen zerbrechlichen Gegenstand vom Boden auf und setzte ihn auf einen Barhocker. Dort thronte er mit etwas ängstlichem Gesicht wie auf einem Friseursessel, einem Zahnarztstuhl, seine Beine hingen ins

Leere hinunter, er rutschte hin und her auf dem Ledersitz, und einen Augenblick war es, als wolle er gleich zu weinen beginnen. »Keine Angst«, sagte der Dicke, »hier tut dir keiner was. So ein feines Kerlchen hat uns das Christkind ins Haus gebracht.« Er lachte, die anderen stimmten ein. Nur Karl war unbehaglich zumute, er versuchte, mit der freien Hand den Mantel aufzuhaken. »Was starrst du? Starr mich nicht so an.« Er sprach zu laut, er brüllte fast, das Kind fing an, mit den Lidern zu zucken, und beugte sich etwas zurück. »Sieh mal«, erklärte der Dicke, »der Mann hat nur Spaß gemacht. Er kommt vom Kaufhaus ›Kinderparadies‹. Es ist nicht der richtige. Der richtige kommt von weit her, aus dem Wald, aus dem Schnee.«

Er sah den Herrn mit der Künstlertolle, der inzwischen näher getreten war, etwas unsicher von der Seite an. »Der Herr Doktor kann dir mehr davon sagen.« Der Junge blickte schnell und prüfend von einem zum anderen und sagte dann in kühlem, erwachsenem Ton: »In der Schule wissen es alle, daß es ihn nicht gibt. Und all das andere, was sie uns vorgeschwindelt haben. Die zu Hause tun nur so, als ob sie daran glauben.« Mit einem Male schien er die Freude an dem bestandenen Abenteuer verloren zu haben, er mußte husten in der rauchigen Luft. »Ich will weg«, er versuchte vom hohen Stuhl herunterzuklettern, »ich will hier weg.«

Karl war es inzwischen gelungen, den Mantel des Weihnachtsmannes auszuziehen, er wickelte ihn zu einem Päckchen zusammen und legte ihn in das Fach unter der Theke, wo er Rute und Sack versteckt hatte. »Jetzt sieht er wie jeder andere aus«, sagte der Dicke, »du brauchst keine Angst mehr vor ihm zu haben.« – »Vor dem hab' ich keine Angst«, sagte der Junge, »vor so einem schon gar nicht.« – Hör mal zu«, mischte sich der Geschäftsreisende mit der Aktentasche ein, »man muß da genau unterscheiden. Das ist sehr wichtig, verstehst du mich?« Er öffnete eine

Packung mit Erdnüssen, die auf dem Tisch bereitlag, bot dem Kind an, das jedoch den Kopf schüttelte, und aß selbst ein paar Nüsse, flink, mit knackenden Kiefern und witternden Nüstern, wie ein Eichhörnchen.

Dann hob er den Kopf auf, äugte umher und sagte: »Das mit dem Weihnachtsmann haben die Erwachsenen sich für die Kinder ausgedacht. Daran braucht ein Junge, der so alt ist wie du, nicht mehr zu glauben. Was aber alles andere betrifft«, er machte eine Pause und schien zu überlegen, wie er sich auf einfache Weise verständlich machen sollte, »so ist es keineswegs Schwindel. Es ist die reine Wahrheit, was sie euch zu Hause und in der Schule gesagt haben. Wir feiern heute die Geburt des Herrn.« Hier nahm er zum ersten Male seinen Hut ab, er hatte überraschend rotes Haar, nun sah man auch die Sommersprossen auf seiner blassen Gesichtshaut.

Verlegenes Schweigen folgte seinen Worten. Alle rückten ein wenig von ihm ab, ein strenger, scharfer Hauch nach Einsamkeit in schlecht geheizten Junggesellenstuben umgab ihn auf einmal. Der junge Fernlastfahrer, der bisher kein einziges Wort zur Unterhaltung beigetragen hatte, wandte den Gästen seinen Rücken zu und sagte zum Wirt, der abseits und abwartend am Regal mit den Flaschen stand: »Das Kind hat die Sache haarscharf erkannt. Die tun alle nur so, als ob sie daran glauben.« Der Wirt entkorkte eine Flasche, wischte mit der Hand über den Rand und sagte in einem Ton, der seine Unparteilichkeit bezeugen sollte: »Sei froh, daß das meine Frau nicht gehört hat. Sie versteht keinen Spaß in diesen Dingen. Ich rede nie mit ihr über dergleichen, ich sage mir, wissen kann man nie.« – »Doch, man kann wissen«, der Fernlastfahrer, der auf einmal unverständlich aufgebracht war, leerte sein Glas in einem Zug. »Daß das alles verdammte Heuchler und Narren sind, kann man wissen. Das sieht man ihnen auf zehn Meter Entfernung an.«

»Mit solchen Urteilen soll man vorsichtig sein«, mischte sich der Herr mit dem Künstlerkopf ein, der vielleicht auch nur ein Stammgast mit wechselnder Berufsausübung war, »unser Blick ist getrübt, und unser Ohr ist nicht fähig, echte und falsche Töne voneinander zu unterscheiden. Das kommt, weil sich alle Worte, die Menschen benutzen, mit der Zeit verbrauchen und weil ihr Tun im leeren Kreislauf der Gewohnheit erstarrt. Man müßte«, er legte den Kopf mit dem schwarzen Lockenhaar in den Nacken zurück, seine Augen leuchteten, er lächelte strahlend und zerstreut ins Leere, »man müßte die Kraft finden, noch einmal ganz von vorn zu beginnen. Man müßte diese Dinge voller Staunen und Freude entdecken, als sehe man sie zum ersten Male. Eine neue Sprache müßte man finden. Es ist eine Frage der Unbefangenheit«, er hielt einen Augenblick inne, als habe er nicht den rechten Ausdruck gefunden, »der Kindlichkeit des Herzens.«

Der Junge sah zu ihm auf, und er lächelte jetzt auf die gleiche gedankenverlorene Art, so als liege auf seinem Gesicht der Abglanz eines Lichtes, von dem er nichts wußte. Auch die anderen Gäste wandten sich dem Sprecher zu, sogar der Fernlastfahrer, der das Geld für sein Bier schon auf die Theke geworfen hatte, drehte sich an der Tür noch einmal um. »Sehen Sie«, fuhr der Mann mit dem Lockenkopf fort, den die Aufmerksamkeit seiner Zuhörer zu beflügeln schien, »jetzt kommt es mir schon recht ungewöhnlich vor, daß wir, die wir hier zufällig in der Gaststube zusammensitzen und uns nicht kennen, über das Geheimnis dieser Nacht sprechen, die unter allen Nächten des Jahres ausgewählt ist. Ist es nicht wunderbar, daß dies Kind von der Straße zu uns gekommen ist und daß es jetzt in unserer Mitte sitzt, verwirrt und verlegen, aber zugleich lächelnd und voller Zuversicht, von uns eine Erklärung zu hören? Manches geschieht mit uns, über uns hinweg, und wir ahnen nichts von seiner Bedeutung.« Er schwieg, senkte den Kopf und biß sich auf die Lippen, als habe er schon zuviel gesagt und eben jene abgenutzten Worte gebraucht, die er vermeiden wollte ...

Die Wirtin, die inzwischen mit dem Kaffee aus der Küche gekommen war, wartete, bis er zu Ende gesprochen hatte, und sagte dann in mütterlich sanftem Ton: »Das alles ist ganz einfach, Kind. So einfach, groß und wahr, daß diese Herren es nicht mehr verstehen.« Der Junge setzte die Tasse an die Lippen, hastig nahm er den ersten Schluck, der Kaffee war zu heiß, er verbrannte sich die Zunge, verschluckte sich und mußte husten. Der Dicke klopfte ihm freundschaftlich auf die Schultern. Auch die andern Gäste des Lokals wandten sich dem Jungen zu, zeigten ihre Besorgnis, machten Scherze mit ihm und fragten, ob er sich nicht auf die Bescherung freue. Der rothaarige Geschäftsreisende kramte aus seiner Aktentasche einen Apfel hervor, rieb ihn an seinem Mantelärmel blank und bot ihn dem Kleinen an, der ihn nach einigem Zögern auch nahm. Alle bemühten sich auf einmal, dem Kind gefällig zu sein, sie redeten durcheinander, in vertraulichem Ton, so als gehörten alle der gleichen Familie an, die darauf wartet, daß die Tür zum Weihnachtszimmer sich öffne.

Karl kramte das Bündel mit den entliehenen Requisiten des Weihnachtsmannes unter der Theke hervor und fragte, was er zu zahlen habe. »Nichts«, sagte die Wirtin, »für Sie kostet es nichts heut Abend.« Er aber zog das Fünfmarkstück aus der Hosentasche, das er vor einer Stunde für seine Bemühungen als Weihnachtsmann bekommen hatte, warf es auf die Theke und ging davon. »Armer Kerl«, rief die Wirtin ihm nach, noch ehe sich die Tür geschlossen hatte. »Schnell, Kleiner«, sie stieß das Kind an der Schulter, »geh ihm nach, und gib ihm sein Geld wieder. Er kann es besser brauchen als wir.« Der Junge stand sogleich gehorsam auf, nahm das Geldstück und lief zur Tür. In irgendeiner Weise schien er begriffen zu haben, daß er den Mann verletzt hatte und daß man ihm helfen mußte. Froh, einen Auftrag zu haben und sich nützlich machen zu können, stürzte und stolperte er hinaus, die Tür blieb offen, von der Straße hörte man ihn rufen: »Hallo, so warte doch. Ich komme. Du hast was vergessen.«

Die Wirtin, die in einem Gefühl zwischen Neugier und Besorgnis vor die Tür getreten war, sah, wie der Mann auf der gegenüberliegenden Straßenseite im schwachen Lichtkegel einer Laterne stehenblieb und sich nach der hellen, atemlosen Stimme umdrehte. Der Junge lief über den Fahrdamm, seine Schuhe klapperten auf dem Kopfsteinpflaster, er lief, so schnell er konnte, als habe er Angst, den Wartenden nicht mehr einholen zu können. Dicht vor ihm blieb er stehen und streckte die Hand mit dem Geldstück aus. Die beiden verhandelten etwas miteinander, sie schienen sich nicht so schnell einig zu werden. »Schon gut«, hörte die Wirtin Karl schließlich sagen, »und jetzt bringe ich dich nach Hause.« Sie kehrten um und kamen über die Straße zurück. Die Wirtin, die nicht gesehen werden wollte, schloß die Tür des Gasthofes bis auf einen Spalt, so daß sie die Stimmen der draußen Vorübergehenden noch verstehen konnte.« Du frierst ja ganz jämmerlich«, sagte Karl zu dem Jungen, »komm, nimm ein Stück vom Mantel des Weihnachtsmannes. Er ist zwar aus Zellwolle und Kaninchenfell, aber dafür ist er groß genug für uns beide.«

Sankt Nikolaus in Not

FELIX TIMMERMANS

Es fielen noch ein paar mollige Flocken aus der wegziehenden Schneewolke, und da stand auf einmal auch schon der runde Mond leuchtend über dem weißen Turm.

Die beschneite Stadt wurde eine silberne Stadt.

Es war ein Abend von flaumweicher Stille und lilienreiner Friedsamkeit. Und wären die flimmernden Sterne herniedergesunken, um als Heilige in goldenen Meßgewändern durch die Straßen zu wandeln – niemand hätte sich gewundert.

Es war ein Abend, wie geschaffen für Wunder und Mirakel. Aber keiner sah die begnadete Schönheit des alten Städtchens unter dem mondbeschienenen Schnee.

Die Menschen schliefen.

Nur der Dichter Remoldus Keersmaeckers, der in allem das Schöne sah und darum lange Haare trug, saß noch bei Kerzenschein und Pfeifenrauch und reimte ein Gedicht auf die Götter des Olymps und die Herrlichkeit des griechischen Himmels, die er so innig auf Holzschnitten bewundert hatte.

Der Nachtwächter Dries Andijvel, der auf dem Turm die Wache hielt, huschte alle Viertelstunden hinaus, blies eilig drei Töne in die vier Windrichtungen, kroch dann zurück in die warme, holzgetäfelte Kammer zum bullernden Kanonenöfchen und las weiter in seinem Liederbüchlein: »Der flämische Barde, hundert Lieder für fünf Groschen.« War eins dabei, von dem er die Weise kannte, dann kratzte er die auf einer alten Geige und sang das Lied durch seinen weißen Bart, daß es bis hoch ins rabenschwarze Gerüst des Turmes schallte. Ein kühles Gläschen Bier schmierte ihm jedesmal zur Belohnung die Kehle.

Trinchen Mutser aus dem »Verzuckerten Nasenflügel« saß in der Küche und sah traurig durch das Kreuzfensterchen in ihren Laden.

Ihr Herz war in einen Dornbusch gefallen. Trinchen Mutsers Herz war ganz durchstochen und durchbohrt, nicht weil all ihr Zuckerzeug heut am Sankt-Nikolaus-Abend ausverkauft war – ach nein! weil das große Schokoladenschiff stehen geblieben war. Einen halben Meter war es hoch und so lang wie von hier bis dort! Wie wunderschön stand es da hinter den flaschengrünen Scheiben ihres Lädchens, lustig mit Silberpapier beklebt, verziert mit rosa Zuckerrosetten, mit Leiterchen aus weißem Zucker und mit Rauch in den Schornsteinen. Der Rauch war weiße Watte.

Das ganze Stück kostete so viel wie all die kleinen Leckereien, die Pfefferkuchenhähne mit einem Federchen am Hintern, die Knusperchen, die Schaumflocken, die Zuckerbohnen und die Schokoladenplätzchen zusammen. Und wenn das Stück, das Schiff aus Schokolade, das sich in rosa Zuckerbuchstaben als die »Kongo« auswies, nicht verkauft wurde, dann lag ihr ganzer Verdienst im Wasser, und sie verlor noch Geld obendrein.

Warum hat sie das auch kaufen müssen? Wo hat sie nur ihre Gedanken gehabt! So ein kostbares Stück für ihren bescheidenen kleinen Laden!

Wohl waren alle gekommen, um es sich anzusehen, Mütter und Kinder, sie hatte dadurch verkauft wie noch nie. Aber kein Mensch fragte nach dem Preis, und so blieb es stehen und rauchte immer noch seine weiße Watte, stumm wie ein toter Fisch.

Als Frau Doktor Vaes gekommen war, um Varenbergsche Hustenbonbons zu holen, da hatte Trinchen gesagt: »Sehen Sie nur mal, Frau Doktor Vaes, was für ein schönes Schiff! Wenn ich Sie wäre, dann würde ich Ihren Kindern nichts anderes zum Sankt Nikolaus schenken als dieses Schiff. Sie werden selig sein, wie im Himmel.«

»Ach«, sagte Frau Vaes abwehrend, »Sankt Nikolaus ist ein armer Mann. Die Kinder werden schon viel zu sehr verwöhnt, und außerdem gehen die Geschäfte von dem Herrn Doktor viel zu schlecht. Wissen Sie wohl, Trinchen, daß es in diesem Winter fast keine Kranken gibt? Wenn das nicht besser wird, weiß ich gar nicht, was wir anfangen sollen.« Und sie kaufte zwei Pfefferkuchenhähne auf einem Stäbchen und ließ sich tagelang nicht mehr sehen.

Und heute war Nikolausabend; aller Kleinkram war verkauft, nur die »Kongo« stand noch da in ihrer braunen Kongofarbe und rauchte einsam und verlassen ihre weiße Watte. Zwanzig Franken Verlust! Der ganze Horizont war schwarz wie die »Kongo« selber. Vielleicht könnte man sie stückweise verkaufen oder verlosen? Ach nein, das brachte noch nicht fünf Franken ein, und sie konnte das Ding doch nicht auf die Kommode stellen neben die anderen Nippsachen.

Ihr Herz war in einen Dornbusch gefallen. Sie zündete eine Kerze an für den heiligen Antonius und eine für Sankt Nikolaus und betete einen Rosenkranz, auf daß der Himmel sich des Schiffes annehmen möge und Gnade tauen. Sie wartete und wartete. Die Stille wanderte auf und ab.

Um zehn Uhr machte sie die Fensterläden zu und konnte in ihrem Bett vor Kummer nicht schlafen.

Und es gab noch ein viertes Wesen in dem verschneiten Städtchen, das nicht schlief. Das war ein kleines Kind, Cäcilie; es hatte ein seidig blondes Lockenköpfchen und war so arm, daß es sich nie mit Seife waschen konnte, und ein Hemdchen trug es, das nur noch einen Ärmel hatte und am Saum ausgefranst war wie Eiszapfen an der Dachrinne.

Die kleine Cäcilie saß, während ihre Eltern oben schliefen, unter dem Kamin und wartete, bis Sankt Nikolaus das Schokoladenschiff von Trinchen Mutser durch den Schornstein herunterwerfen würde. Sie wußte, es würde ihr gebracht werden; sie hatte es jede Nacht geträumt, und nun saß sie da und wartete voller Zuversicht und Geduld darauf; und weil sie fürchtete, das Schiff könne beim Fallen kaputtgehen, hatte sie sich ihr Kopfkissen auf den Arm gelegt, damit es weich wie eine Feder darauf niedersinken könnte.

Und während nun die vier wachenden Menschen im Städtchen: der Dichter, der Turmwächter, Trinchen Mutscher und Cäcilie, ein jedes mit seiner Freude, seinem Kummer oder seiner Sehnsucht beschäftigt, nichts sahen von der Nacht, die war wie ein Palast, öffnete sich der Mond wie ein runder Ofen mit silberner runder Tür, und es stürzte aus der Mondhöhle eine solche strahlende Klarheit hernieder, daß sie sich auch mit goldener Feder nicht beschreiben ließe.

Einen Augenblick lang fiel das echte Licht aus dem wirklichen Himmel auf die Erde. Das geschah, um Sankt Nikolaus auf seinem weißen, schwer beladenen Eselchen und den schwarzen Knecht Ruprecht durchzulassen.

Aber wie kamen sie nun auf die Erde? Ganz einfach. Das Eselchen stellte sich auf einen Mondstrahl, stemmte die Beine steif und glitschte nur so hinunter, wie auf einer schrägen Eisbahn. Und der schlaue Knecht Ruprecht faßte den Schwanz vom Eselchen und ließ sich ganz behaglich mitziehen, auf den Fersen hockend. So kamen sie ins Städtchen, mitten auf den beschneiten Großen Markt.

In Körben, die zu beiden Seiten des Eselchens hingen, dufteten die bunten Leckereien, die Knecht Ruprecht unter der Aufsicht von Sankt Nikolaus in der Konditorei des Himmels gebacken hatte. Und als man sah, daß es nicht reichte und der Zucker zu Ende ging, da hatte Knecht Ruprecht sich in Zivil geworfen, um unerkannt in den Läden, auch bei Trinchen Mutser, Süßigkeiten zu kaufen, von dem Geld aus den Sankt-Nikolaus-Opferstöcken, die er alle Jahre einmal in den Kirchen ausleeren durfte. Mit all den Leckereien war er an einem Mondstrahl in den schönen Himmel hinaufgeklettert, und nun mußte das alles verteilt werden an die kleinen Freunde von Sankt Nikolaus.

Sankt Nikolaus ritt durch die Straßen, und bei jedem Haus, in dem ein Kind wohnte, gab er je nach der Artigkeit des Kindes dem Knecht Ruprecht Leckereien, welche dieser, mit Katzengeschmeidigkeit an Regenkandeln und Dachrinnen entlang kletternd und über die Ziegel krabbelnd, zum Schornstein brachte; da ließ er sie dann vorsichtig hinunterfallen durch das kalte zugige Kaminloch, gerade auf einen Teller oder in einen Holzschuh hinein, ohne die zerbrechlichen Köstlichkeiten auch nur etwas zu stoßen oder zu schrammen.

Knecht Ruprecht verstand sich auf seine Sache, und Sankt Nikolaus liebte ihn wie seinen Augapfel.

So bearbeiteten sie das ganze Städtchen, warfen herab, wo zu werfen war, sogar hier und da eine harte Rute für rechte Taugenichtse.

»Da wären wir bis zum nächsten Jahr wieder mal fertig«, sagte der Knecht Ruprecht, als er die leeren Körbe sah. Er steckt sich sein Pfeifchen an und stieß einen erleichterten Seufzer aus, weil die Arbeit nun getan war.

»Was?« fragte Sankt Nikolaus beunruhigt, »ist nichts mehr drin? Und die kleine Cäcilie? die brave kleine Cäcilie? schscht!«

Sankt Nikolaus sah auf einmal, daß sie vor Cäciliens Haus standen, und legte mahnend den Finger auf den Mund. Doch das Kind hatte die warme, brummende Stimme gehört wie Hummelgesumm, machte große Augen unter dem goldenen Lockenkopf, glitt ins Fenster, schob die Gardinchen weg und sah Sankt Nikolaus, den wirklichen Sankt Nikolaus.

Das Kind stand mit offenem Mund staunend da. Und während es sich gar nicht fassen konnte über den goldenen Bischofsmantel, der funkelte von bunten Edelsteinen wie ein Garten, über die Pracht der Mitra, worauf ein diamantenes Kreuz Licht in die Nacht hineinschnitt wie mit Messern, über den Reichtum der Ornamente am Krummstab, wo ein silberner Pelikan das Rubinenblut pickte für seine Jungen, während sie die feine Spitze besah, die über den purpurnen Mantel schleierte, während sie Gefallen fand an dem guten weißen Eselchen, und während sie lachen mußte über die Grimassen von dem drolligen schwarzen Knecht, der die weißen Augen herumrollte, als ob sie lose wie Taubeneier in seinem Kopf lägen, während alledem hörte sie die zwei Männer also miteinander reden:

»Ist gar nichts mehr in den Körben, lieber Ruprecht?«

»Nein, heiliger Herr, so wenig wie in meinem Geldsäckel.«

»Sieh noch einmal gut nach, Ruprecht!«

»Ja, heiliger Herr, und wenn ich die Körbe auch ausquetsche, so kommt doch nicht so viel heraus wie eine Stecknadel.« Sankt Nikolaus strich kummervoll über seinen schneeweißen Lockenbart und zwinkerte mit seinen honiggelben Augen.

»Ach«, sagte der schwarze Knecht, »da ist nun doch nichts mehr zu machen, heiliger Herr. Schreib der kleinen Cäcilie, daß sie im kommenden Jahr doppelt und dreimal soviel kriegen soll.«

»Niemals! Ruprecht! Ich, der ich im Himmel wohnen darf, weil ich drei Kinder, die schon zerschnitten und eingepökelt waren, wieder zum Leben gebracht und ihrer Mutter zurückgegeben habe, ich sollte nun diese kleine Cäcilie, das bravste Kind der ganzen Welt, leer ausgehen lassen und ihm eine schlechte Meinung von mir beibringen? Nie, Ruprecht! Nie!«

Knecht Ruprecht rauchte heftig, das brachte auf gute Gedanken, und sagte plötzlich: »Aber, heiliger Herr, nun hört mal zu! Wir haben keine Zeit mehr, um noch einmal zum Himmel zurückzukehren. Ihr wißt, für Sankt Peter ist der Himmel kein Taubenschlag. Und außerdem, der Backofen ist kalt und der Zucker zu Ende. Und hier in der Stadt schläft alles, und es ist Euch sowohl wie mir verboten, Menschen zu wecken, und zudem sind auch alle Läden ausverkauft.«

Sankt Nikolaus strich nachdenklich über seine von vier Falten durchzogene Stirn, neben der schon Löckchen glänzten, denn sein Bart begann dicht unter dem Rande seines schönen Hutes.

Ich brauche euch nicht zu erzählen, wie Cäcilie langsam immer bekümmerter wurde von all den Worten. Das reiche Schiff sollte nicht bei ihr stranden! Und auf einmal schoß es leuchtend durch ihr Köpfchen. Sie machte die Tür auf und stand in ihrem zerschlissenen Hemdchen auf der Schwelle. Sankt Nikolaus und Knecht Ruprecht fuhren zusammen wie die Kaninchen. Doch Cäcilie schlug ehrerbietig ein Kreuz, stapfte mit ihren bloßen Füßchen in den Schnee und ging zu dem heiligen Kinderfreund. »Guten Tag, lieber Sankt Nikolaus«, stammelte das Kind. »Alles ist noch nicht ausverkauft ... bei Trinchen Mutser steht noch ein großes Schokoladenschiff vom Kongo ... wie sie die Läden vorgehängt hat, stand es noch da. Ich hab es gesehen!«

Von seinem Schreck sich erholend, rief Sankt Nikolaus erfreut: »Siehst du wohl, es ist noch nicht alles ausverkauft! Auf zu Trinchen Mutser! Zu Trinchen ... aber ach!« ... und seine Stimme zitterte verzweifelt, »wir dürfen niemand wecken.«

»Ich auch nicht, Sankt Nikolaus?« fragte das Kind.

»Bravo!« rief der Heilige, »wir sind gerettet, kommt!«

Und sie gingen mitten auf der Straße, die kleine Cäcilie mit ihren bloßen Füßen voran, gerade nach der Eierwaffelstraße, wo Trinchen Mutser wohnte. In der Süßrahmbutterstraße wurde ihr Blick auf ein erleuchtetes Fenster gelenkt. Auf dem heruntergelassenen Vorhang sahen sie den Schatten von einem dürren, langhaarigen Menschen, der mit einem Büchlein und einer Pfeife in der Hand große Gebärden machte, und sein Mund ging dabei auf und zu.

»Ein Dichter«, sagte Sankt Nikolaus und lächelte.

Sie kamen vor Trinchen Mutsers Haus. Im Mondlicht konnten sie gut das Aushängeschild erkennen: »Zum verzuckerten Nasenflügel.«

»Weck sie rasch auf«, sagte Sankt Nikolaus. Und das Kindchen lehnte sich mit dem Rücken an die Tür und klopfte mit der Ferse gegen das Holz. Aber das klang leise wie ein Samthämmerchen. »Stärker«, sagte der schwarze Knecht. »Wenn ich noch stärker klopfe, wird's noch weniger gehen, denn mein Fuß tut mir weh«, sagte das Kind. »Mit den Fäusten«, sagte Knecht Ruprecht. Doch die Fäustchen waren noch leiser als die Fersen.

»Wart, ich werd meinen Schuh ausziehen, dann kannst du damit klopfen«, sagte Knecht Ruprecht.

»Nein«, gebot Sankt Nikolaus, »kein Drehen und Deuteln! Gott ist heller um uns als dieser Mondschein und duldet keine Advokatenkniffe.« Und doch hätte der gute Mann sich gern einen Finger abgebissen, um Cäcilie befriedigen zu können.

»Ach! aber den Kerl mit den Affenhaaren auf dem Vorhang!« rief Knecht Ruprecht erfreut, »den darf ich rufen, der schläft nicht!«

»Der Dichter! der Dichter! lachte Sankt Nikolaus. Und nun gingen sie alle drei schnell zu dem Dichter Remoldus Keersmaeckers.

Und kurzerhand machte Knecht Ruprecht kleine Schneebälle, die er ans Fenster warf. Der Schatten stand still, das Fenster ging auf, und das lange Gestell des Dichters, der Verse von den Göttern und Göttinnen des Olymps hersagte, wurde im Mondschein sichtbar und fragte von oben: »Welche Muse kommt, um mir Heldengesänge zu diktieren?«

»Du sollst Trinchen Mutser für uns wecken«, rief Sankt Nikolaus, und er erzählte seine Not.

»Ja, bist du denn der wirkliche Sankt Nikolaus?« fragte Remoldus.

»Der bin ich!« Und darauf kam der Dichter erfreut herunter, jätete allen Dialekt aus seiner Sprache, machte Verbeugungen und redete von Dante, Beatrice, Vondel, Milton und anderen Dichtergestalten, die er im Himmel glaubte. Dann stand er ihnen zu Diensten.

Sie kamen zu Trinchen Mutser, und der Dichter stampfte und rammelte mit so viel Temperament an der Tür, daß das Frauenzimmer holterdiepolter aus dem Bett stürmte und erschrocken das Fenster öffnete.

»Geht die Welt unter?«

»Wir kommen wegen dem großen Schokoladenschiff«, sagte Sankt Nikolaus, weiter konnte er ihr nichts erklären, denn sie war schon weg und kam wieder in ihrer lächerlichen Nachtkleidung, mit einem bloßen Fuß und einem Strumpf in der Hand, und machte die Tür auf.

Sie steckte die Lampe an und ging sofort hinter den Ladentisch, um zu bedienen. Sie dachte, es müsse der Bischof von Mecheln sein.

»Herr Bischof«, sagte sie stotternd, »hier ist das Schiff aus bester Schokolade, und es kostet fünfundzwanzig Franken.« Der Preis war nur zwanzig Franken, aber ein Bischof kann ja gern fünf Franken mehr bezahlen.

Aber nun platzte die Bombe! Geld! Sankt Nikolaus hatte kein Geld, das hat man im Himmel nun einmal nicht nötig. Knecht Ruprecht hatte auch kein Geld, das Kind hatte nur ein zerschlissenes Hemdchen an, und der Dichter kaute an seinem langen Haupt- und Barthaar vor Hunger – er war vier Wochen Miete schuldig.

Niedergeschlagen sahen sie einander an.

»Es ist Gott zuliebe«, sagte Sankt Nikolaus. Gerne hätte er seine Mitra gegeben, aber alles das war ihm vom Himmel geliehen, und es wäre Heiligenschändung gewesen, es wegzugeben.

Trinchen Mutser rührte sich nicht und betrachtete sie finster. »Tu es dem Himmel zuliebe«, sagte Knecht Ruprecht. »Nächstes Jahr will ich auch deinen ganzen Laden aufkaufen.«

»Tu es aus lauter Poesie«, sagte der Dichter theatralisch. Aber Trinchen rührte sich nicht, sie fing an zu glauben, weil sie kein Geld hatten, daß es verkleidete Diebe seien.

»Schert euch raus! Hilfe! Hilfe!« schrie sie auf einmal.

»Schert euch raus! Heiliger Antonius und Sankt Nikolaus, steht mir bei!«

»Aber ich bin doch selbst Sankt Nikolaus«, sagte der Heilige.

»So siehst du aus! Du hast nicht mal einen roten Heller aufzu-weisen!«

»Ach, das Geld, das alle Bruderliebe vergiftet!« seufzte Sankt Nikolaus.

»Das Geld, das die edle Poesie verpfuscht!« seufzte der Dichter Keersmaeckers.

»Und die armen Leute arm macht«, schoß es der kleinen Cäci-lie durch den Kopf.

»Und ein Schornsteinfegerherz doch nicht weiß klopfen machen kann«, lachte Knecht Ruprecht. Und sie gingen hinaus.

In der Mondnacht, die still war von Frostesklarheit und Schnee, tönte das »Schlafet ruhig« hart und hell vom Turm.

»Noch einer, der nicht schläft«, rief Sankt Nikolaus erfreut, und sogleich steckte Knecht Ruprecht auch schon den Fuß zwi-schen die Tür, die Trinchen wütend zuschlagen wollte.

»Haltet ihr mir die Frau wach«, sagte der schwarze Knecht, »ich komme sofort zurück!« Und damit stieß er die Tür wieder auf, und zwar so heftig, daß Trinchen sich plötzlich in einem Korb voll Zwiebeln wiederfand.

Und während die andern aufs neue hineingingen, sprang Knecht Ruprecht auf das Eselchen, sauste wie ein Sensenstrich durch die Straßen, hielt vor dem Turm, kletterte an Zinnen, Vorsprüngen und Zieraten, Schiefern und Heiligenbildern den Turm hinauf bis zu Dries Andijvel, der gerade »Es wollt ein Jäger früh aufsteh'n« auf seiner Geige kratzte.

Der Mann ließ Geige und Lied fallen, aber Knecht Ruprecht erzählte ihm alles.

»Erst sehen und dann glauben!« sagte Dries. Knecht Ruprecht kriegte ihn am Ende doch noch mit hinunter, und zu zweit rasten sie auf dem Eselchen durch die Straßen nach dem »Verzuckerten Nasenflügel«.

Sankt Nikolaus fiel vor dem Nachtwächter auf die Knie und flehte ihn an, doch die fünfundzwanzig Franken zu bezahlen, dann solle ihm auch alles Glück der Welt werden.

Der Mann war gerührt und sagte zu dem ungläubigen, hart-herzigen Trinchen: »Ich weiß nicht, ob er lügt, aber so sieht Sankt Nikolaus doch aus in den Bilderbüchern von unseren Kindern und im Kirchenfenster über dem Taufstein. Und wenn er's nun wirklich ist! Gib ihm doch das Schiff! Morgen werde ich dir's bezahlen! ...«

Trinchen hatte großes Vertrauen zu dem Nachtwächter, der aus ihrer Nachbarschaft war. Und Sankt Nikolaus bekam das Schiff.

»Jetzt geh nur schnell nach Hause und leg dich schlafen«, sagte Sankt Nikolaus zu Cäcilie. »Wir bringen gleich das Schiff.«

Das Kind ging nach Hause, aber es schlief nicht, es saß am Kamin mit dem Kissen auf den Ärmchen und wartete auf das Nie-dersinken des Schiffes.

Der Mond sah gerade in das armselig-traurige Kämmerchen.

Ach, was sah Cäcilie da auf einmal!

Dort auf einem glitzernden Mondstrahl kletterte das Eselchen in die Höhe mit Sankt Nikolaus auf seinem Rücken, und Knecht Ruprecht hielt sich am Schwanz fest und ließ sich mitschleifen. Der Mond öffnete sich; ein sanftes, großes Licht fiel in funkelnden Regenbogenfarben über die beschneite Welt. Sankt Nikolaus grüßte die Erde, trat hinein, und wieder war da das gewöhnliche grüne Mondenlicht.

Die kleine Cäcilie wollte weinen. Knecht Ruprecht oder der gute Heilige hatten das Schiff nicht gebracht, es lag nicht auf dem Kissen.

Aber siehe! was für ein Glück, das Schiff, die »Kongo«, stand ja da, in der kalten Asche, ohne Delle, ohne Bruch, strahlend von Silber, und rauchte für mindestens zwei Groschen weiße Watte aus beiden Schornsteinen! Wie war das möglich? Wie konnte das so in aller Stille geschehen? ...

Ja, das weiß nun niemand, das ist die Findigkeit und die große Geschicklichkeit vom Knecht Ruprecht, und die gibt er niemand preis.

Gibt es einen Weihnachtsmann?

VIRGINIA O'HANLON

R.R.B. New York

Die achtjährige Virgina O'Hanlon aus New York wollte es ganz genau wissen. Darum schrieb sie an die Tageszeitung ›Sun‹ einen Brief: »Ich bin acht Jahre alt. Einige von meinen Freunden sagen, es gibt keinen Weihnachtsmann. Papa sagt, was in der ›Sun‹ steht, ist immer wahr. Bitte, sagen Sie mir: Gibt es einen Weihnachtsmann?«

Virginia O'Hanlon

Die Sache war dem Chefredakteur so wichtig, daß er seinen erfahrensten Kolumnisten, Francis P. Church, beauftragte, eine Antwort zu entwerfen für die Titelseite der ›Sun‹:

»Virginia,

Deine kleinen Freunde haben nicht recht. Sie glauben nur, was sie sehen; sie glauben, daß es nicht geben kann, was sie mit ihrem kleinen Geist nicht erfassen können. Aller Menschengeist ist klein, ob er nun einem Erwachsenen oder einem Kind gehört. Im Weltall verliert er sich wie ein winziges Insekt.

Solcher Ameisenverstand reicht nicht aus, die ganze Wahrheit zu erfassen und zu begreifen.

Ja, Virginia, es gibt einen Weihnachtsmann. Es gibt ihn so gewiß wie die Liebe und Großherzigkeit und Treue. Weil es all das gibt, kann unser Leben schön und heiter sein.

Wie dunkel wäre die Welt, wenn es keinen Weihnachtsmann gäbe! Es gäbe dann auch keine Virginia, keinen Glauben, keine

Poesie – gar nichts, was das Leben erst erträglich machte. Ein Flackerrest an sichtbarem Schönem bliebe übrig. Aber das Licht der Kindheit, das die Welt ausstrahlt, müßte verlöschen.

Es gibt einen Weihnachtsmann, sonst könntest Du auch den Märchen nicht glauben. Gewiß, Du könntest Deinen Papa bitten, er solle am Heiligen Abend Leute ausschicken, den Weihnachtsmann zu fangen. Und keiner von ihnen bekäme den Weihnachtsmann zu Gesicht – was würde das beweisen? Kein Mensch sieht ihn einfach so. Das beweist gar nichts. Die wichtigsten Dinge bleiben meistens unsichtbar. Die Elfen zum Beispiel, wenn sie auf Mondwiesen tanzen. Trotzdem gibt es sie.

All die Wunder zu denken – geschweige denn sie zu sehen –, das vermag nicht der Klügste auf der Welt.

Was Du auch siehst, Du siehst nie alles. Du kannst ein Kaleidoskop aufbrechen und nach den schönen Farbfiguren suchen. Du wirst einige bunte Scherben finden, nichts weiter. Warum? Weil es einen Schleier gibt, der die wahre Welt verhüllt, einen Schleier, den nicht einmal alle Gewalt auf der Welt zerreißen kann. Nur Glaube und Poesie und Liebe können ihn lüften. Dann werden dir Schönheit und Herrlichkeit dahinter auf einmal zu erkennen sein. ›Ist das denn auch wahr?‹ kannst Du fragen. Virginia, nichts auf der ganzen Welt ist wahrer und nichts beständiger.

Der Weihnachtsmann lebt, und ewig wird er leben. Sogar in zehnmal zehntausend Jahren wird er da sein, um Kinder wie Dich und jedes offene Herz mit Freude zu erfüllen.

Frohe Weihnacht, Virginia.

Dein Francis P. Church«

P.S.: Der Briefwechsel zwischen Virginia O'Hanlon und Francis P. Church stammt aus dem Jahr 1897. Er wurde über ein halbes Jahrhundert – bis zur Einstellung der ›Sun‹ 1950 – alle Jahre wieder zur Weihnachtszeit auf der Titelseite der Zeitung abgedruckt.

4

FESTLICHE ZEIT

Die gute Nacht

BERTOLT BRECHT

Der Tag, vor dem der große Christ
Zur Welt geboren worden ist
War hart und wüst und ohne Vernunft.
Seine Eltern, ohne Unterkunft
Fürchteten sich vor seiner Geburt
Die gegen Abend erwartet wurd.
Denn seine Geburt fiel in die kalte Zeit.
Aber sie verlief zur Zufriedenheit.
Der Stall, den sie doch noch gefunden hatten
War warm und mit Moos zwischen seinen Latten
Und mit Kreide war auf die Tür gemalt
Daß der Stall bewohnt war und bezahlt.
So wurde es doch noch eine gute Nacht
Auch das Heu war wärmer, als sie gedacht.
Ochs und Esel waren dabei
Damit alles in der Ordnung sei.
Eine Krippe gab einen kleinen Tisch
Und der Hausknecht brachte ihnen heimlich einen Fisch.
(Denn es mußte bei der Geburt der großen Christ
Alles heimlich gehen und mit List.)
Doch der Fisch war ausgezeichnet und reichte durchaus
Und Maria lachte ihren Mann wegen seiner Besorgnis aus

Denn am Abend legte sich sogar der Wind
Und war nicht mehr so kalt, wie die Winde sonst sind.
Aber bei Nacht war er fast wie ein Föhn.
Und der Stall war warm und das Kind war sehr schön.
Und es fehlte schon fast gar nichts mehr
Da kamen auch noch die Dreikönig daher!
Maria und Joseph waren zufrieden sehr.
Sie legten sich sehr zufrieden zum Ruhn
Mehr konnte die Welt für den Christ nicht tun.

Die heilige Nacht

SELMA LAGERLÖF

Als ich fünf Jahre alt war, hatte ich einen großen Kummer. Ich weiß kaum, ob ich seitdem einen größeren gehabt habe. Das war, als meine Großmutter starb. Bis dahin hatte sie jeden Tag auf dem Ecksofa in ihrer Stube gesessen und Märchen erzählt. Ich weiß es nicht anders, als daß Großmutter dasaß und erzählte, vom Morgen bis zum Abend, und wir Kinder saßen still neben ihr und hörten zu. Das war ein herrliches Leben. Es gab keine Kinder, denen es so gut ging wie uns.

Ich erinnere mich nicht an sehr viel von meiner Großmutter. Ich erinnere mich, daß sie schönes, kreideweißes Haar hatte und daß sie sehr gebückt ging und daß sie immer dasaß und an einem Strumpf strickte. Dann erinnere ich mich auch, daß sie, wenn sie ein Märchen erzählt hatte, ihre Hand auf meinen Kopf zu legen pflegte, und dann sagte sie: »Und das alles ist so wahr, wie daß ich dich sehe und du mich siehst.«

Ich entsinne mich auch, daß sie schöne Lieder singen konnte, aber das tat sie nicht alle Tage. Eines dieser Lieder handelte von einem Ritter und einer Meerjungfrau, und es hatte den Kehrreim: »Es weht so kalt, es weht so kalt, wohl über die weite See.«

Dann entsinne ich mich eines kleinen Gebets, das sie mich lehrte, und eines Psalmverses.

Von allen Geschichten, die sie mir erzählte, habe ich nur eine schwache, unklare Erinnerung. Nur an eine einzige von ihnen erinnere ich mich so gut, daß ich sie erzählen könnte. Es ist eine kleine Geschichte von Jesu Geburt.

Seht, das ist beinahe alles, was ich noch von meiner Großmutter weiß, außer dem, woran ich mich am besten erinnere, nämlich dem großen Schmerz, als sie dahinging.

Ich erinnere mich an den Morgen, an dem das Ecksofa leer stand und es unmöglich war zu begreifen, wie die Stunden des Tages zu Ende gehen sollten. Daran erinnere ich mich. Das vergesse ich nie.

Und ich erinnere mich, daß wir Kinder hingeführt wurde, um die Hand der Toten zu küssen. Und wir hatten Angst, es zu tun, aber da sagte uns jemand, daß wir nun zum letzten Mal Großmutter für alle die Freude danken könnten, die sie uns gebracht hatte. Und ich erinnere mich, wie Märchen und Lieder vom Hause wegfuhren, in einen langen schwarzen Sarg gepackt, und niemals wiederkamen.

Ich erinnere mich, daß etwas aus dem Leben verschwunden war. Es war, als hätte sich die Tür zu einer ganzen schönen, verzauberten Welt geschlossen, in der wir früher frei aus und ein gehen durften. Und nun gab es niemand mehr, der sich darauf verstand, diese Tür zu öffnen.

Und ich erinnere mich, daß wir Kinder so allmählich lernten, mit Spielzeug und Puppen zu spielen und zu leben wie andere Kinder auch, und da konnte es ja den Anschein haben, als vermißten wir Großmutter nicht mehr, als erinnerten wir uns nicht mehr an sie.

Aber noch heute, nach vierzig Jahren, wie ich da sitze und die Legenden über Christus sammle, die ich drüben im Morgenland gehört habe, wacht die kleine Geschichte von Jesu Geburt, die meine Großmutter zu erzählen pflegte, in mir auf. Und ich bekomme Lust, sie noch einmal zu erzählen und sie auch in meine Sammlung aufzunehmen.

Es war an einem Weihnachtstag, alle waren zur Kirche gefahren, außer Großmutter und mir. Ich glaube, wir beide waren im ganzen Haus allein. Wir hatten nicht mitfahren können, weil die eine zu jung und die andere zu alt war. Und alle beide waren wir betrübt, daß wir nicht zum Mettegesang fahren und die Weihnachtslichter sehen konnten.

Aber wie wir so in unserer Einsamkeit saßen, fing Großmutter zu erzählen an.

»Es war einmal ein Mann«, sagte sie, »der in die dunkle Nacht hinausging, um sich Feuer zu leihen. Er ging von Haus zu Haus und klopfte an. ›Ihr lieben Leute, helft mir!‹ sagte er. ›Mein Weib hat eben ein Kindlein geboren, und ich muß Feuer anzünden, um es und den Kleinen zu erwärmen.‹

Aber es war tiefe Nacht, so daß alle Menschen schliefen, und niemand antwortete ihm.

Der Mann ging und ging. Endlich erblickte er in weiter Ferne einen Feuerschein. Da wanderte er dieser Richtung zu und sah, daß das Feuer im Freien brannte. Eine Menge weißer Schafe lag rings um das Feuer und schlief, und ein alter Hirt wachte über der Herde. Als der Mann, der Feuer leihen wollte, zu den Schafen kam, sah er, daß drei große Hunde zu Füßen des Hirten ruhten und schliefen. Sie erwachten alle drei bei seinem Kommen und sperrten ihre weiten Rachen auf, als ob sie bellen wollten, aber man vernahm keinen Laut. Der Mann sah, daß sich die Haare auf ihrem Rücken sträubten, er sah, wie ihre scharfen Zähne funkelnd weiß im Feuerschein leuchteten und wie sie auf ihn losstürzten. Er fühlte, daß einer nach seiner Hand schnappte und daß einer sich an seine Kehle hängte. Aber die Kinnladen und die Zähne, mit denen die Hunde beißen wollten, gehorchten ihnen nicht, und der Mann litt nicht den kleinsten Schaden.

Nun wollte der Mann weitergehen, um das zu finden, was er brauchte. Aber die Schafe lagen so dicht nebeneinander, Rücken an Rücken, daß er nicht vorwärts kommen konnte. Da stieg der Mann auf die Rücken der Tiere und wanderte über sie hin dem Feuer zu. Und keins von den Tieren wachte auf oder regte sich.«

Selma Lagerlöf

Soweit hatte Großmutter ungestört erzählen können, aber nun konnte ich es nicht lassen, sie zu unterbrechen. »Warum regten sie sich nicht, Großmutter?« fragte ich.

»Das wirst du nach einem Weilchen schon erfahren«, sagte Großmutter und fuhr mit ihrer Geschichte fort. »Als der Mann fast beim Feuer angelangt war, sah der Hirt auf. Es war ein alter, mürrischer Mann, der unwirsch und hart gegen alle Menschen war. Und als er einen Fremden kommen sah, griff er nach seinem langen, spitzigen Stab, den er an der Hand zu halten pflegte, wenn er seine Herde hütete, und warf ihn nach ihm. Und der Stab fuhr zischend gerade auf den alten Mann los, aber ehe er ihn traf, wich er zur Seite und sauste, an ihm vorbei, weit über das Feld.«

Als Großmutter soweit gekommen war, unterbrach ich sie abermals. »Großmutter, warum wollte der Stock den Mann nicht schlagen?« Aber Großmutter ließ es sich nicht einfallen, mir zu antworten, sondern fuhr mit ihrer Erzählung fort.

»Nun kam der Mann zu dem Hirten und sagte zu ihm: ›Guter Freund, hilf mir und leih mir ein wenig Feuer. Mein Weib hat eben ein Kindlein geboren, und ich muß Feuer machen, um es und den Kleinen zu erwärmen.‹ Der Hirt hätte am liebsten nein gesagt, aber als er daran dachte, daß die Hunde dem Mann nicht hatten schaden können, daß die Schafe nicht vor ihm davongelaufen waren und daß sein Stab ihn nicht fällen wollte, da wurde ihm ein wenig bange, und er wagte es nicht, dem Fremden das abzuschlagen, was er begehrte. ›Nimm, so viel du brauchst‹, sagte er zu dem Mann.

Aber das Feuer war beinahe ausgebrannt. Es waren keine Scheite und Zweige mehr übrig, sondern nur ein großer Gluthaufen, und der Fremde hatte weder Schaufel noch Eimer, worin er die roten Kohlen hätte tragen können. Als der Hirt dies sah, sagte er abermals: ›Nimm, so viel du brauchst!‹ Und er freute sich, daß der Mann kein Feuer wegtragen konnte. Aber der Mann beugte sich hinunter, holte die Kohlen mit bloßen Händen aus der Asche und legte sie in seinen Mantel. Und weder versengten die Kohlen seine Hände, als er sie berührte, noch versengten sie seinen Mantel, sondern der Mann trug sie fort, als wenn es Nüsse oder Äpfel gewesen wären.«

Aber hier wurde die Märchenerzählerin zum dritten Mal unterbrochen: »Großmutter, warum wollte die Kohle den Mann nicht brennen?«

»Das wirst du schon hören«, sagte Großmutter, und dann erzählte sie weiter.

»Als dieser Hirt, der ein so böser, mürrischer Mann war, dies alles sah, begann er sich bei sich selbst zu wundern. Was kann dies für eine Nacht sein, wo die Hunde nicht beißen, die Schafe nicht erschrecken, der Stab nicht tötet und das Feuer nicht brennt?« Er rief den Fremden zurück und sagte zu ihm: ›Was ist dies für eine Nacht? Und woher kommt es, daß alle Dinge dir Barmherzigkeit zeigen?‹

Da sagte der Mann: ›Ich kann es dir nicht sagen, wenn du selber es nicht siehst.‹ Und er wollte seine Wege gehen, um bald ein Feuer anzünden und Weib und Kind wärmen zu können.

Aber da dachte der Hirt, er wolle den Mann nicht ganz aus dem Gesicht verlieren, bevor er erfahren hätte, was dies alles bedeutete. Er stand auf und ging ihm nach, bis er dorthin kam, wo der Fremde daheim war. Da sah der Hirt, daß der Mann nicht einmal eine Hütte hatte, um darin zu wohnen, sondern er hatte sein Weib und sein Kind in einer Berggrotte liegen, wo es nichts gab als nackte, kalte Steinwände.

Ein Kind hat Kummer

ERICH KÄSTNER

Nur einmal in jedem Jahre hätte ich sehnlich gewünscht, Geschwister zu besitzen: am Heiligabend! Am Ersten Feiertag hätten sie ja gut und gerne wieder fortfliegen können, meinetwegen erst nach dem Gänsebraten mit den rohen Klößen, dem Rotkraut und dem Selleriesalat. Ich hätte sogar auf meine eigene Portion verzichtet und statt dessen Gänseklein gegessen, wenn ich nur am 24. Dezember abends nicht allein gewesen wäre! Die Hälfte der Geschenke hätten sie haben können, und es waren wahrhaftig herrliche Geschenke!

Und warum wollte ich gerade an diesem Abend, am schönsten Abend eines Kinderjahres, nicht allein und nicht das einzige Kind sein? Ich hatte Angst. Ich fürchtete mich vor der Bescherung! Ich hatte Furcht davor und durfte sie nicht zeigen. Es ist kein Wunder, daß ihr das nicht gleich versteht. Ich habe mir lange überlegt, ob ich darüber sprechen solle oder nicht. Ich will darüber sprechen! Also muß ich es euch erklären.

Meine Eltern waren, aus Liebe zu mir, aufeinander eifersüchtig. Sie suchten es zu verbergen, und oft gelang es ihnen. Doch am schönsten Tag im Jahr gelang es ihnen nicht. Sie nahmen sich sonst, meinetwegen, so gut zusammen, wie sie konnten, doch am Heiligabend konnten sie es nicht sehr gut. Es ging über ihre Kraft. Ich wußte das alles und mußte, uns dreien zuliebe, so tun, als wisse ich's nicht.

Wochenlang, halbe Nächte hindurch, hatte mein Vater im Keller gesessen und, zum Beispiel, einen wundervollen Pferdestall gebaut. Er hatte geschnitzt und genagelt, geleimt und gemalt, Schriften gepinselt, winziges Zaumzeug zugeschnitten und genäht, die Pferdemähnen mit Bändern durchflochten, die Rauten mit Heu gefüllt, und immer noch war ihm, beim Blaken der Petroleumlampe, etwas eingefallen, noch ein Scharnier, noch ein Beschlag, noch ein Haken, noch ein Stallbesen, noch eine Haferkiste, bis er endlich zufrieden schmunzelte und wußte: Das macht mir keiner nach!

Ein andermal baute er einen Rollwagen mit Bierfässern, Klappleitern, Rädern mit Naben und Eisenbändern, ein solides Fahrzeug mit Radachsen und auswechselbaren Deichseln, je nachdem, ob ich zwei Pferde oder nur eins einspannen wollte, mit Lederkissen fürs Abladen der Fässer, mit Peitschen und Bremsen am Kutschbock, und auch dieses Spielzeug war ein fehlerloses Meisterstück und Kunstwerk!

Es waren Geschenke, bei deren Anblick sogar Prinzen die Hände überm Kopf zusammengeschlagen hätten, aber Prinzen hätte mein Vater sie nicht geschenkt.

Wochenlang, halbe Tage hindurch, hatte meine Mutter die Stadt durchstreift und die Geschäfte durchwühlt. Sie kaufte jedes Jahr Geschenke, bis sich deren Versteck, die Kommode, krumm bog. Sie kaufte Rollschuhe, Ankersteinbaukästen, Buntstifte, Farbtuben, Malbücher, Hanteln und Keulen für den Turnverein, einen Faustball für den Hof, Schlittschuhe, musikalische Wunderkreisel, Wanderstiefel, einen Norwegerschlitten, ein Kästchen mit Präzisionszirkeln auf blauem Samt, einen Kaufmannsladen, einen Zauberkasten, Kaleidoskope, Zinnsoldaten, eine kleine Druckerei mit Setzbuchstaben und, von Paul Schurig und den Empfehlungen des Sächsischen Lehrervereins angeleitet, viele, viele gute Kinderbücher. Von Taschentüchern, Strümpfen, Turnhosen, Rodelmützen, Hemden und ähnlich nützlichen Dingen ganz zu schweigen. Es war ein Konkurrenzkampf aus Liebe zu mir, und es war ein verbissener Kampf. Es war ein Drama mit drei Personen, und der letzte Akt fand, alljährlich, am Heiligabend statt. Die Hauptrolle spielte ein kleiner Junge. Von seinem Talent aus dem Stegreif hing es ab, ob das Stück eine Komödie oder ein Trauerspiel wurde. Noch heute klopft mir, wenn ich daran denke, das Herz bis in den Hals. Ich saß in der Küche und wartete, daß man mich in die Gute Stube rief, unter den schimmernden Christbaum, zur Bescherung. Meine Geschenke hatte ich parat: für den Papa ein Kistchen mit zehn oder gar 25 Zigarren, für die Mama einen Schal, ein selbstgemaltes Aquarell oder – als ich einmal nur noch 65 Pfennige besaß – in einem Karton aus Kühnes Schnittwarengeschäft, hübsch verpackt, die sieben Sachen. Die sieben Sachen? Ein Röllchen weißer und ein Röllchen schwarzer Seide, ein Heft Stecknadeln und ein Heft Nähnadeln, eine Rolle weißer Zwirn, eine Rolle schwarzen Zwirn und ein Dutzend mittelgroßer schwarzer Druckknöpfe, siebenerlei Sachen für 65 Pfennige. Das war, fand ich, eine Rekordleistung! Und ich wäre stolz gewesen, wenn ich mich nicht so gefürchtet hätte.

Ich stand also am Küchenfenster und blickte in die Fenster gegenüber. Hier und dort zündete man schon die Kerzen an. Der Schnee auf der Straße glänzte im Laternenlicht. Weihnachtslieder erklangen. Im Ofen prasselte das Feuer, aber ich fror. Es duftete nach Rosinenstollen, Vanillezucker und Zitronat. Doch mir war elend zumute. Gleich würde ich lächeln müssen, statt weinen zu dürfen.

Und dann hörte ich meine Mutter rufen: »Jetzt kannst du kommen!« Ich ergriff die hübsch eingewickelten Geschenke für die beiden und trat in den Flur. Die Zimmertür stand offen. Der Christbaum strahlte. Vater und Mutter hatten sich links und rechts vom Tisch postiert, jeder neben seine Gaben, als sei das Zimmer samt dem Fest halbiert. »Oh«, sagte ich, »wie schön!« und meinte beide Hälften. Ich hielt mich noch in der Nähe der Tür, so daß mein Versuch, glücklich zu lächeln, unmißverständlich beiden galt. Der Papa, mit der erloschenen Zigarre im Munde, beschmunzelte den firnisblanken Pferdestall. Die Mama blickte triumphierend auf das Gabengebirge zu ihrer Rechten. Wir lächelten zu dritt und überlächelten unsre dreifache Unruhe. Doch ich konnte nicht an der Tür stehen bleiben!

Zögernd ging ich auf den herrlichen Tisch zu, auf den halbierten Tisch, und mit jedem Schritt wuchsen meine Verantwortung, meine Angst und der Wille, die nächste Viertelstunde zu retten. Ach, wenn ich allein gewesen wäre, allein mit den Geschenken und dem himmlischen Gefühl, doppelt und aus zweifacher Liebe beschenkt zu werden!

Wie selig wär ich gewesen, und was für ein glückliches Kind! Doch ich mußte meine Rolle spielen, damit das Weihnachtsstück gut ausgehe. Ich war ein Diplomat, erwachsener als meine Eltern, und hatte dafür Sorge zu tragen, daß unsre feierliche Dreierkonferenz unterm Christbaum ohne Mißklang verlief. Ich war, schon mit fünf und sechs Jahren und später erst recht, der Zeremonienmeister des Heiligen Abends und entledigte mich der schweren Aufgabe mit großem Geschick. Und mit zitterndem Herzen.

Ich stand am Tisch und freute mich im Pendelverkehr. Ich freute mich rechts, zur Freude meiner Mutter. Ich freute mich an der linken Tischhälfte über den Pferdestall im allgemeinen. Dann freute ich mich wieder rechts, diesmal über den Rodelschlitten, und dann wieder links, besonders über das Lederzeug. Und noch einmal rechts, und noch einmal links, und nirgends zu lange, und nirgends zu flüchtig. Ich freute mich ehrlich und mußte meine Freude zerlegen und zerlügen. Ich gab beiden je einen Kuß auf die Backe. Meiner Mutter zuerst. Ich verteilte meine Geschenke und begann mit den Zigarren. So konnte ich, während der Papa das Kistchen mit seinem Taschenmesser öffnete und die Zigarren beschnupperte, bei ihr ein wenig länger stehenbleiben als bei ihm. Sie bewunderte ihr Geschenk, und ich drückte sie heimlich an mich, so heimlich, als sei es eine Sünde. Hatte er es trotzdem bemerkt? Machte es ihn traurig?

Nebenan, bei Grüttners, sangen sie »O du fröhliche, o du selige, gnadenbringende Weihnachtszeit!« Mein Vater holte ein Portemonnaie aus der Tasche, das er im Keller zugeschnitten und genäht hatte, hielt es meiner Mutter hin und sagte: »Das hätt' ich ja beinahe vergessen!« Sie zeigte auf ihre Tischhälfte, wo für ihn Socken, warme lange Unterhosen und ein Schlips lagen. Manchmal fiel ihnen, erst wenn wir bei Würstchen und Kartoffelsalat saßen, ein, daß sie vergessen hatten, einander ihre Geschenke zu geben. Und meine Mutter meinte: »Das hat ja Zeit bis nach dem Essen.«

Was weh tut

GUDRUN PAUSEWANG

Wie immer sagte der Vater am Heiligen Abend nach der Bescherung: »So, jetzt kommen die Tiere an die Reihe. Sie sollen auch merken, daß heute ein besonderer Tag ist.«

Er holte aus der Speisekammer, was die Mutter dort schon vorbereitet hatte: eine Räucherwurst, eine breite Scheibe Fleischwurst, drei Pakete Schnittbrot, eine Tüte Maiskörner und eine Tüte Vogelfutter. Die Kinder halfen tragen. Er ging mit ihnen erst in den Stall. Die Kühe hoben erstaunt ihre Köpfe und wendeten sie langsam den Kindern zu. Sie wunderten sich, denn um diese Stunde kam an anderen Tagen niemand mehr zu ihnen. Sie muhten und schlugen mit den Schwänzen. Eine von ihnen, die Lola mit dem weißen Stirnfleck, wollte Vaters Gesicht lecken. Er kraulte sie.

»Frohe Weihnacht, ihr Kühe, alle miteinander«, sagte er und schob jeder Kuh eine Schnitte Brot ins Maul.

»Dürfen wir die Schweine füttern?« fragte Rudi. Der Vater gab den Kindern das Brot, das noch übrig war.

»Frohe Weihnacht, Schweine!« riefen sie und teilten das Brot aus. Die Schweine schubsten und drängelten, sie schnauften und grunzten und beschnupperten die Kinder mit ihren feuchten Rüsseln. Kaum hatten sie das Brot in den Mäulern, fingen sie laut an zu schmatzen.

»Jetzt gehen wir zu den Hühnern«, sagte der Vater. Aber als sie durch den Schnee über den Hofplatz gingen, kam Bello gelaufen. Er sprang am Vater hoch. Er war so groß, daß er ihm seine Pfoten auf die Schulter legen konnte, und das tat er jetzt. Er wedelte mit dem Schwanz und fuhr ihm mit der Zunge über das Gesicht.

»Du bist schon der zweite, der heute Abend zärtlich zu mir ist«, sagte der Vater und streichelte den Hund. »Frohe Weihnacht, Bello. Du hast das ganze Jahr über brav den Hof bewacht. Ich bin mit dir zufrieden.«

»Frohe Weihnacht, Bello!« riefen die Kinder.

»Riechst du schon, was du bekommen sollst?«

Im Nu war Bello hinter Rudi und schnappte ihm die Räucherwurst aus der Hand. Er nahm sie quer ins Maul und verschwand mit ihr im Hundehaus.

Das war eine Aufregung im Hühnerstall, als sie dort hineinschauten! Die Hennen spektakelten laut und sprangen von der Stange. Der Hahn krähte sogar, weil er dachte, es sei schon Morgen.

»Frohe Weihnacht, ihr Hühner«, sagte der Vater. Rudi und Erika streuten die Maiskörner in weitem Bogen durch den Hühnerstall. Die Hühner pickten gierig. Der Vater wartete, bis alle Körner verschwunden waren, dann schloß er die Tür, und sie gingen wieder über den Hof zurück zum Haus.

»Wo wird wohl die Mieze sein?« fragte der Vater. »Mieze, Mieze!« lockten die Kinder.

Da war sie auch schon: Wie ein Blitz schoß sie aus der Scheune und lief durch den Schnee auf die Kinder zu. Sie rieb ihren Rücken an Erikas und Rudis Stiefeln und schnurrte dem Vater um die Beine.

»Frohe Weihnacht, Mieze!« riefen die Kinder und legten die Scheibe Fleischwurst vor sie in den Schnee. Sie hob den Schwanz und schnurrte, während sie fraß, und als sie fertig war, leckte sie sich mit ihrer roten Zunge das Maul und lief hinter den Kindern her auf das Haus zu.

»Jetzt hätten wir beinahe die Vögel vergessen«, sagte der Vater und blieb stehen. Er zog die Tüte mit Vogelfutter aus der Jackentasche und ließ die Kinder die Körner ausstreuen.

»Die Vögel«, sagte er, »sind zwar nicht unsere Haustiere, aber sie sind unsere Freunde und sollen merken, daß wir's gut mit ihnen meinen.«

Dann gingen sie zur Mutter in die Küche, und die Mieze kam auch mit.

»Sogar am Heiligen Abend kannst du das Geschirrspülen nicht lassen«, sagte der Vater. »Jetzt setzt du dich dort auf den Stuhl und rührst keine Hand! Ich spüle. Kinder, helft mir mal schnell abtrocknen!« Die Mutter mußte sich hinsetzen und zugucken, wie der Vater das Geschirr spülte und sich dabei am Bauch ganz naß machte.

»Nun erzählt mal«, sagte sie. »Haben sich die Tiere gefreut?«

»Und wie!« sagte Rudi.

»Wenn man es so bedenkt«, sagte die Mutter, »ist es eigentlich traurig: Hier schenken wir den Tieren Maiskörner, Brot und Wurst, während in vielen anderen Ländern durch Kriege und Mißernten Menschen hungern, ja sogar vor Hunger sterben.« Die Kinder hörten auf, das Geschirr abzutrocknen, und sahen die Mutter erschrocken an.

»Meinst du, auch heute, am Heiligen Abend?« fragte Erika.

»Jeden Tag«, antwortete die Mutter. »Und vor allem die Kinder.«

»Aber man kann ihnen ja nichts bringen«, sagte Rudi. »Sie sind so weit weg!«

»Man kann Geld geben«, sagte die Mutter. »Mit dem Geld wird Mehl, Milchpulver, Reis, Öl und vieles andere gekauft und in die Länder geschickt, in denen die Menschen nicht genug zu essen haben.«

»Ich habe sieben Mark fünfunddreißig in meiner Sparbüchse«, sagte Erika. »Aber damit kann ich doch nicht alle Menschen, die hungern, satt machen!«

»Natürlich nicht«, sagte die Mutter. »Aber sicher könntest du mit diesem Geld ein einziges Kind sich für ein paar Tage satt essen lassen. Und wenn andere Leute auch Geld geben, kann man vielen hungrigen Menschen helfen.«

»Dann will ich meine Sparbüchse ausleeren«, sagte Erika.

»Ich auch«, sagte Rudi. »Und du, Vati, und du, Mutti, ihr könntet doch auch mitmachen. Ihr seid so reich.«

Der Vater mußte lachen.

»Reich sind wir nicht«, sagte er, »aber es geht uns gut, und wir werden immer satt – wir und unsere Tiere. Ich will auch einen Zwanziger dazu legen.«

»Einen Zwanziger?« rief Erika. »Das ist zu wenig.«

»Was?« rief der Vater. »Zu wenig? Ein Zwanziger?«

»Du hast doch einen ganzen Hof«, sagte Erika, »und ein Auto, einen Traktor und viele Maschinen. Du mußt so viel Geld geben, daß es dir weh tut. Mir tut's nämlich weh.«

»Wie meinst du das?« fragte der Vater.

Da sagte die Mutter: »Ich glaube, Erika meint es so: Das Geld in ihrer Sparbüchse hatte sie eigentlich für einen Puppenherd gespart. Dieser Herd steht bei Webers im Schaufenster und kostet sieben Mark neunzig. Es haben ihr bloß noch fünfundfünfzig Pfennige gefehlt. Aber nun will sie auf den Puppenherd verzichten und das Geld statt dessen für die Hungernden geben. Daß sie den Puppenherd nicht haben wird, tut ihr natürlich weh.«

»Ja, so ist es«, sagte Erika.

»Aber wenn du, Vater, einen Zwanziger gibst«, sagte die Mutter, »brauchst du deshalb auf nichts zu verzichten.«

»Da hat sie recht«, sagte der Vater. »Ich glaube, da muß ich wohl auf die Sauna verzichten, die ich mir in diesem Jahr einbauen wollte.«

»Und ich«, sagte die Mutter, »wollte so gern eine Geschirrspülmaschine haben. Aber ich kann genauso gut weiter mit der Hand abwaschen, und ihr müßt mir helfen.«

»Fein!« rief Erika und klatschte in die Hände. »Das gibt zusammen ganz viel Geld!«

»Meinst du«, fragte Rudi, »ob das für hundert hungrige Leute reicht?«

»So genau kann ich das nicht sagen«, antwortete die Mutter, »aber ich glaube schon.«

»Dann wollen wir gleich morgen das Geld wegschicken«, sagte Erika.

Kreuzer

CATERINA CARSTEN

Leicht hat's der Kreuzer nie gehabt.

Den Hof hat er nicht halten können. Die Zeiten waren schlecht. Die Landwirtschaft rentierte sich nicht mehr.

Er hat verkaufen müssen.

Was er herausschlagen konnte, war das Wohnrecht auf Lebenszeit. Zwei Zimmer und Küche. Eins für sich, eins für die Tochter, die in der zehn Kilometer entfernten Fabrik arbeitete.

Die Frau war ihm früh gestorben. Die Tochter besorgte ihm den kleinen Haushalt.

Leicht hat's der Kreuzer nie gehabt.

Aber selbst wenn er's leichter gehabt hätte. —

Er gehörte zu den Menschen, die sich nichts schenken lassen wollen. Zu denen, die sich's schwer machen.

Und schließlich weiß man nicht mehr: ziehen sich alle von ihm zurück, weil er's einem so schwer macht, oder macht er sich's so schwer, weil er vereinsamt.

Immer mehr.

Schließlich wechselte auch der neue Bauer gerade noch den Tagesgruß mit ihm.

»Er wächst ein«, sagte er zu seiner Frau, »er sieht aus, als hört er nix. wenn ich ihn anred'. Versuch du's. Auf dich hört er noch.«

Die Frau seufzte und nickte. Es hatte einen Grund, daß der Kreuzer sich noch mehr zurückzog, und sie wußte den Grund. Die Tochter erwartete ein Kind.

Jeder wußte es.

Einmal hatte sie mit dem Kreuzer darüber gesprochen.

»Was hat er g'sagt?« fragte der Bauer seine Frau.

»Die Schand«, hat er g'sagt.

»Und du?«

»Ich hab g'sagt, daß er nicht so sein soll und daß wir im 20. Jahrhundert leben. Aber er hat g'sagt: ›Schand is Schand‹.«

»Und?«

»Ich hab g'sagt, daß es vielleicht ein Christkindl gibt.«

»Und?«

»Er hat g'sagt: ›I pfeif drauf.‹«

»Wo soll's denn kommen?« fragte der Bauer

»Im Haus,« sagte die Bäuerin, »sie will's hier haben. I hilf ihr.«

Am Morgen des 24. Dezember war so viel Schnee gefallen, daß sie die Türen freischaufeln mußten.

Dieser Tag ist der kürzeste im Jahr, weil's immer noch mehr zu tun gibt als man noch so sorgfältig vorbereitet.

Für Kreuzer war er so lang wie jeder andere.

Die Bäuerin hatte ungefragt einen Krug mit Tannenzweigen und Kerzen in sein Zimmer gestellt.

Er saß am Fenster, den Stock zwischen den Knien, hatte sich nicht gerührt. Die Bäuerin hatte ein Mittagessen auf seinen Tisch gestellt und nach einer Stunde wieder hinausgetragen.

Die Tochter lag in ihrem Zimmer. Es war so weit.

Kreuzer saß im dunklen Zimmer am Fenster.

Als er das Kind weinen hörte, stand er auf. Er blieb noch lange, auf seinen Stock gestützt, am Fenster stehen und rührte sich nicht. Dann ging er langsam hinaus. Kurz darauf hörte das Weinen auf.

Draußen fiel kein Schnee mehr. Die Sterne standen groß und klar über dem Wald und den weißen Feldern. Es war sehr kalt.

Als der Bauer und seine Frau am Tisch saßen, wollte er wissen, wie alles gegangen sei.

»Gut«, sagte sie, »fürs erste Kind. Der Bub ist groß und kräftig.«

»Und er?« fragte der Bauer.

»Er ist gekommen.«

Der Bauer sah seine Frau an.

»Und?«

»Ich bin hinaus, als er gekommen is. Nachher war Licht in seinem Zimmer. Da bin ich zu ihm.«

»Was hat er g'sagt?«

Sie bekam ein feierliches Gesicht und saß ganz aufrecht und sprach ganz nach der Schrift:

»Er hat gesagt: ›Ich hab das Kind gesehen‹.«

Als der Bauer mit seiner Frau zur Christmette ging, sahen sie, daß im Kreuzerzimmer die Kerzen brannten.

Monolog eines Kellners

HEINRICH BÖLL

Ich weiß nicht, wie es hat geschehen können; schließlich bin ich kein Kind mehr, bin fast fünfzig Jahre und hätte wissen müssen, was ich tat − und hab's doch getan, noch dazu, als ich schon Feierabend hatte und mir eigentlich nichts mehr hätte passieren können. Aber es ist passiert, und so hat mir der Heilige Abend die Kündigung beschert. Alles war reibungslos verlaufen: Ich hatte beim Dinner serviert, kein Glas umgeworfen, keine Soßenschüssel umgestoßen, keinen Rotwein verschüttet, mein Trinkgeld kassiert und mich auf mein Zimmer zurückgezogen, Rock und Krawatte aufs Bett geworfen, die Hosenträger von den Schultern gestreift, meine Flasche Bier geöffnet, hob gerade den Deckel von der Terrine und roch: Erbsensuppe. Die hatte ich mir beim Koch bestellt, mit Speck, ohne Zwiebeln, aber sämig, sämig. Sie wissen sicher nicht, was sämig ist; es würde zu lange dauern, wenn ich es Ihnen erklären wollte: Meine Mutter brauchte drei Stunden, um zu erklären, was sie unter sämig verstand. Na, die Suppe roch herrlich, und ich tauchte die Schöpfkelle ein, füllte meinen Teller, spürte und sah, daß die Suppe richtig sämig war − da ging meine Zimmertür auf, und herein kam der Bengel, der mir beim Dinner aufgefallen war: klein, blaß, bestimmt nicht älter als acht, hatte sich den Teller hoch füllen und alles, ohne es anzurühren, wieder abservieren lassen: Truthahn und Kastanien, Trüffeln und Kalbfleisch, nicht mal vom Nachtisch, den doch kein Kind vorübergehen läßt, hatte er auch nur einen Löffel gekostet, ließ sich fünf halbe Birnen und 'nen halben Eimer Schokoladensoße auf den Teller kippen und rührte nichts, aber auch nichts an, und sah doch dabei nicht mäklig aus, sondern wie jemand, der nach einem bestimmten Plan handelt. Leise schloß er die Tür hinter sich und blickte auf meinen Teller, dann mich an: »Was ist denn das?« fragte er. »Das ist Erbsensuppe«, sagte ich. »Die gibt es doch nicht«, sagt er freundlich, »die gibt es doch nur in dem Märchen von dem König, der sich im Wald verirrt hat.« Ich hab's gern, wenn Kinder mich duzen: die Sie zu einem sagen, sind meistens affiger als die Erwachsenen. »Nun«, sage ich, »eins ist sicher: Das ist Erbsensuppe.« – »Darf ich mal kosten?« – »Sicher, bitte«, sagte ich, »setz dich hin.« Nun, er aß drei Teller Erbsensuppe, ich saß neben ihm auf meinem Bett, trank Bier und rauchte und konnte richtig sehen, wie sein kleiner Bauch rund wurde, und während ich auf dem Bett saß, dachte ich über vieles nach, was mir inzwischen wieder entfallen ist; zehn Minuten, fünfzehn, eine lange Zeit, da kann einem schon viel einfallen, auch über Märchen, über Erwachsene, über Eltern und so. Schließlich konnte der Bengel nicht mehr, ich löste ihn ab, aß den Rest der Suppe, noch eineinhalb Teller, während er auf dem Bett neben mir saß. Vielleicht hätte ich nicht in die leere Terrine blicken sollen, denn er sagte: »Mein Gott, jetzt habe ich dir alles aufgegessen.« – »Macht nichts«, sagte ich, »ich bin noch satt geworden. Bist du zu mir gekommen, um Erbsensuppe zu essen?« – »Nein, ich suchte nur jemand, der mir helfen kann, eine Kuhle zu finden; ich dachte, du wüßtest eine.« Kuhle, Kuhle, dann fiel mir's ein, zum Murmelspielen braucht man eine, und ich sagte: »Ja, weißt du, das wird schwer sein, hier im Haus irgendwo eine Kuhle zu finden.« – »Können wir nicht eine machen«, sagte er, »einfach eine in den Boden des Zimmers hauen?« Ich weiß nicht, wie es hat geschehen können, aber ich hab's getan, und als der Chef mich fragte: Wie konnten Sie das tun?, wußte ich keine Antwort. Vielleicht hätte ich sagen sollen: Haben wir uns nicht verpflichtet, unseren Gästen jeden Wunsch zu erfüllen, ihnen ein harmonisches Weihnachtsfest zu garantieren? Aber ich hab's nicht gesagt, ich hab' geschwiegen. Schließlich konnte ich nicht ahnen, daß seine Mutter über das Loch im Parkettboden stolpern und sich den Fuß brechen würde, nachts, als sie betrunken aus der Bar zurückkam. Wie konnte ich das wissen? Und daß die Versicherung eine Erklärung verlangen würde, und so weiter, und so weiter. Haftpflicht, Arbeitsgericht, und immer wieder: unglaublich, unglaublich. Sollte ich ihnen erklären, daß ich drei Stunden, drei geschlagene Stunden lang mit dem Jungen Kuhle gespielt habe, daß er immer gewann, daß er sogar von meinem Bier getrunken hat – bis er schließlich todmüde ins Bett fiel? Ich hab' nichts gesagt, aber als sie mich fragten, ob ich es gewesen bin, der das Loch in den Parkettboden geschlagen hat, da konnte ich nicht leugnen; nur von der Erbsensuppe haben sie nichts erfahren, das bleibt unser Geheimnis. Fünfunddreißig Jahre im Beruf, immer tadellos geführt. Ich weiß nicht, wie es hat geschehen können; ich hätte wissen müssen, was ich tat, und hab's doch getan. Ich bin mit dem Aufzug zum Hausmeister hinuntergefahren, hab' Hammer und Meißel geholt, bin mit dem Aufzug wieder raufgefahren, hab' ein Loch in den Parkettboden gestemmt. Schließlich konnte ich nicht ahnen, daß seine Mutter darüber stolpern würde, als sie nachts um vier betrunken aus der Bar zurückkam. Offen gestanden, ganz so schlimm finde ich es nicht, auch nicht, daß sie mich rausgeschmissen haben. Gute Kellner werden überall gesucht.

Besuch der Tiere

JULES SUPERVIELLE

Mehrere Tiere baten, Ochs und Esel als Mittler, das Jesuskind sehen zu dürfen. Und eines schönen Tages wurde, nachdem Joseph zugestimmt hatte, ein Pferd, als zutunlich und schnell bekannt, vom Ochsen bestimmt, das vom folgenden Tage an alle einladen sollte, die kommen mochten.

Ochs und Esel fragten sich, ob man wilde Tiere zulassen dürfte, und auch Dromedare, Kamele, Elefanten: alles Tiere, die ein bißchen verdächtig sind vor lauter Buckel, Rüssel, Bein und Fleisch.

Dasselbe galt für Abscheu erregende Tiere, Insekten wie die Skorpione, Taranteln, die Riesenspinne, die Schlangen, alle, die Gift in ihren Drüsen entstehen lassen, tags und nachts, selbst morgens, wenn alles noch rein ist.

Die Jungfrau zögerte nicht.

»Ihr könnt alle kommen lassen, mein Kind ist so sicher in seiner Krippe, als sei es im höchsten Himmel.«

»Und eins nach dem andern«, meinte Joseph in fast militärischem Ton, »es dürfen nicht zwei Tiere auf einmal durch die Tür, sonst findet man sich ja gar nicht mehr zurecht.«

Mit den giftigen Tieren fing man an: jeder hatte das Gefühl, daß man ihnen so genugtun müsse. Bemerkenswert war der Takt der Schlangen, die es vermieden, die Jungfrau anzusehen, und ihr weit aus dem Wege gingen. Dann schieden sie mit so viel verhaltener Würde, als seien sie Tauben oder Wachhunde. —

Die Hunde konnten sich nicht enthalten, ihr Wundern zu zeigen: Sie nämlich durften nicht im Stall wohnen wie Ochs und

Esel. Jeder aber – anstatt ihnen Bescheid zu geben – streichelte sie, und so gingen sie wieder, voll sichtlichen Danks.

Und trotzdem, als man an seinem Geruch den Löwen kommen spürte, wurden Ochs und Esel unruhig. Um so mehr, als dieser Geruch unbekümmert Weihrauch, Myrrhen und die anderen Düfte durchdrang, die die Könige reichlich verbreitet hatten.

Der Ochs würdigte die hochherzigen Gründe, aus denen das Vertrauen der Jungfrau und Josephs kam. Aber ein solches Kind, solch ein zartes Fünkchen an ein Tier zu bringen, das es mit einem einzigen Atemzug auszulöschen vermochte ...

Der Löwe kam mit seiner Mähne, die nie einer gekämmt hatte außer dem Wüstenwind, und mit melancholischen Augen, die sagten: ›Ich bin der Löwe, was kann ich denn dafür; ich bin nur der König der Tiere.‹

Dann sah man, daß seine größte Sorge war, möglichst wenig Platz im Stall einzunehmen, was nicht leicht war, und zu atmen, ohne etwas in Unordnung zu bringen, und seine Krallen zu vergessen und die mit fürchterlichen Muskeln versehenen Kinnbacken. Er kam mit gesenkten Lidern und verbarg sein wunderschönes Gebiß wie eine häßliche Krankheit; kam mit so viel Bescheidenheit, daß er augenscheinlich den Löwen zuzurechnen war, die sich eines Tages weigerten, die heilige Blandine zu fressen. Die Jungfrau hatte Mitleid und wollte ihn beruhigen mit einem Lächeln, wie es sie sonst nur für das Kind übrig hatte. Der Löwe blickte geradeaus, mit einer Miene, als sagte er in noch verzweifelterem Ton als vorher:

›Was habe ich denn getan, daß ich so groß und stark bin? Ihr wißt doch alle, daß ich immer von Hunger und der frischen Luft getrieben war, wenn ich fraß; und ihr kennt ja auch das Problem der Löwenjungen. Wir haben alle mehr oder weniger versucht, Pflanzenfresser zu werden, aber Pflanzen sind nichts für uns, so geht es nicht.‹

Jules Supervielle

Dann senkte er seinen riesigen Kopf, auf dem die Haare wie explodiert standen, und legte sich traurig auf den harten Boden; die Quaste seines Schweifs wirkte ebenso niedergeschlagen wie sein Kopf; er war von einer großen Stille umgeben, die allen zu Herzen ging.

Der Tiger warf sich, als er an die Reihe kam, auf die Erde und machte sich so flach, bis er vor lauter Selbstverleugnung wie ein Bettvorleger vor der Krippe lag. Doch dann, in Sekundenschnelle, war er wieder ganz da mit einer unglaublich elastischen Kraft, verschwand und ward nicht mehr gesehen.

Die Giraffe zeigte für kurze Zeit ihre Füße in der Tür, und jeder war der Meinung, daß das ›zähle‹, als ob sie den Besuch an der Krippe gemacht habe.

Das gleiche war beim Elefanten; er begnügte sich damit, auf der Schwelle niederzuknien und seinen Rüssel wie ein Weihrauchfaß zu schwenken, was von allen gut aufgenommen wurde.

Ein Hammel mit unheimlich viel Wolle wünschte, sogleich geschoren zu werden, aber man ließ ihm sein Vlies mit verbindlichem Dank.

Mutter Känguruh wollte mit aller Gewalt Jesus eines ihrer Kinder schenken, machte geltend, daß das Geschenk von Herzen komme und daß es sie nicht beraube, denn sie habe noch andere kleine Känguruhs zu Hause. Aber Joseph wollte es nicht, und sie mußte ihr Kind wieder mitnehmen.

Der Strauß hatte mehr Glück; er legte in einer unbeobachteten Sekunde ein Ei in den Winkel und kam ohne Lärm fort. Das Andenken wurde erst am nächsten Tag entdeckt, und zwar bemerkte es der Esel. Er hatte noch niemals etwas so Großes und Hartes als Ei gesehen und wollte an ein Wunder glauben ... Da belehrte Joseph ihn eines Besseren: es wurde daraus ein Eierkuchen gemacht.

Die Fische, die sich infolge ihrer bedauernswerten Atemweise nicht außerhalb des Wassers zeigen konnten, hatten eine Möwe beauftragt, sie zu vertreten.

Die Vögel ließen, wenn sie fortflogen, ihre Lieder da. Tauben ihre Liebesgesänge, Affen lustige Streiche, Katzen ihre Blicke, Turteltäubchen die Süße ihrer Kehle.

Der Weihnachtsgeist

PEARL S. BUCK

»*Wohin kommt der große Stern?*« fragte Zappelchen.

Zappelchen war sechs Jahre alt. Er hieß eigentlich Jakob, aber er wurde Zappelchen genannt, weil seine Mutter einmal, als sie ihm den Mantel zuknöpfen wollte, ungeduldig gerufen hatte: »Ach, bitte steh still, Jakob ... Was bist du für ein Zappelchen!« Seitdem war ihm dieser Name geblieben.

Der Stern war beinahe ebenso groß wie er. »Laßt uns einen ganz großen Stern haben«, hatte die Mutter vorige Woche gesagt, »einen großen, großen Stern zur Feier des ersten Weihnachtsfestes im eigenen Heim.« Das eigene Heim, ein Bauernhaus auf einer großen Wiese, hatten sie gemeinsam ausgesucht. Vorher hatten sie in der Stadt gewohnt, aber Zappelchens Vater fand, ein Junge müsse auf dem Land aufwachsen, wo es Platz zum Spielen gab, und deshalb waren sie nun hier.

Jetzt war Weihnachtsabend, und Zappelchens Vater hatte gerade den Stern verfertigt. Er bestand aus fünf gekreuzten Holzlatten, und an jeder Latte waren elektrische Birnen befestigt. Alle umringten ihn, um ihn zu bewundern – Zappelchen, seine Eltern und Higgins, der Gehilfe. Higgins war alt und krumm, hatte sich aber als Zappelchens bester Freund erwiesen, seit sie in das Haus auf dem Lande gezogen waren.

»Ja, wohin mit dem riesengroßen Stern?« fragte die Mutter.

»Laßt mich überlegen«, antwortete der Vater.

»Stecken Sie ihn an die Spitze der großen Tanne vor dem Hause«, schlug Higgins vor. »Dann leuchten die Lichter bis zur Brücke hinunter.«

»Ein guter Gedanke«, stimmt der Vater zu. »Das wollen wir tun.«

Das Haus stand auf einem Hügel, am Fuße des Hügels floß ein Bach, und über den Bach führte eine Brücke. Zappelchen konnte den Bach sehen, als er nun um die Tanne herumsprang. Die Brücke war aus Stein erbaut und hatte drei Bögen. »Eine schöne Brücke«, sagte die Mutter immer, und auch das war einer der Gründe, warum sie gerade dieses Haus gekauft hatten.

Während Zappelchen umherhüpfte, wurde der Stern oben am Tannenwipfel angebracht. Zuerst umwickelte Higgins ihn mit einem Seil. Hierauf holte er eine Leiter, die er an den Baum lehnte. Dann kletterte er hinauf, der Vater hob den Stern in die Höhe, und Higgins zog am anderen Ende des Strickes, bis der Stern hoch oben war und auf die Brücke hinabblickte.

»Wunderschön«, sagte die Mutter.

Higgins befestigte den Stern am Wipfel. Danach kletterte er hinunter, sehr vorsichtig, weil er so alt war. Der Vater ging ins Haus, um die Leitungsschnur einzustecken.

Im nächsten Augenblick erstrahlte der Stern. Alle klatschten in die Hände, und die Mutter sang »O Tannenbaum ...«

»Und jetzt habe ich noch etwas anderes für Weihnachten zu tun«, sagte der Vater, »etwas, wobei ich niemand brauchen kann.«

»Ich auch«, erklärte die Mutter.

Die beiden ließen Zappelchen und Higgins einfach stehen, und wie üblich begannen sie zu reden.

Das heißt, Higgins begann zu reden, und Zappelchen hörte zu. Higgins redete gern, und Zappelchen hörte gern zu, und so war alles in Ordnung.

Higgins hob mit der Frage an: »Siehst du die große Scheune dort, Zappelchen?«

»Ich sehe sie«, antwortete Zappelchen.

Man konnte sie gut sehen, denn sie stand nicht weit vom Hause entfernt – eine große rote Scheune mit schrägem Dach.

Die Scheune war aus Stein und Holz, und hinter dem breiten Tor häuften sich Heu und Stroh.

»Siehst du die Brücke?« fragte Higgins.

»Ich sehe die Brücke«, antwortete Zappelchen. Er konnte sie nicht sehr gut sehen, weil die Sonne soeben unterging und ein feiner Nebel vom Bach aufstieg. Immerhin nahm er die drei Steinbögen und die geschwungene Linie über dem Wasser wahr.

»Wußtest du, daß in jeder Christnacht um Mitternacht ein Geist zwischen der Scheune und der Brücke hin und her wandert?« fuhr Higgins fort.

»Ein Geist?« wiederholte Zappelchen kleinlaut.

»Ein Geist«, bestätigte Higgins fest. »Es ist der Geist meines alten Freundes Timothy Stillwagon, der vor mehreren Jahren am Tage nach Weihnachten starb.«

»Warum ist sein Geist in unserer Scheune geblieben?« wollte Zappelchen wissen. Er war nicht ganz sicher, ob ihm der Gedanke gefiel, daß es hier spukte, noch dazu am Weihnachtsabend und in seiner Scheune.

»Damals gehörte die Scheune nicht euch«, erklärte Higgins, »sondern es war Timothys eigene Scheune. Er war hier der Bauer, er bewohnte das Haus, und in der Scheune hielt er seine Kühe. An jedem Weihnachtsabend gingen wir beide zusammen von der Scheune zur Brücke hinunter – wohlgemerkt, um Mitternacht –, nachdem er den Baum für seine Kinder geschmückt hatte. Auch ich hatte den Baum für meine Kinder geschmückt – meine Frau und ich –, und dann stieg ich den Hügel hinauf, um mir seinen Baum anzusehen, und er kehrte mit mir zurück, um sich meinen Baum anzusehen, denn mein Haus steht ja dort unten bei der Brücke.«

Es stimmte, daß Higgins Haus bei der Brücke stand. Es war ein kleines Haus mit einem hübschen Gärtchen.

»Warum habt ihr eure Bäume gegenseitig angesehen?« frage Zappelchen.

Higgins antwortete: »Weil derjenige, der den schönsten Baum hatte, den andern beim Festessen im Dorf zu einer Tasse Kaffee einladen mußte.«

»Hatten Sie manchmal den schöneren Baum?« forschte Zappelchen.

Higgins lachte verschmitzt. »Keiner von uns beiden gewann jemals die Tasse Kaffee, weil jeder den eigenen Baum immer am schönsten fand. Es endete damit, daß wir immerzu zwischen der Scheune und der Brücke hin und her liefen und uns kabbelten, bis wir es wegen der Kälte aufgeben mußten. Und du wirst auch erfrieren, Zappelchen, wenn du da stehst und dir meine Geschichte anhörst. Geh also ins Haus, bevor dich deine Mutter ruft.«

»Gute Nacht, Herr Higgins«, sagte Zappelchen, »und ich wünsche Ihnen frohe Weihnachten.«

»Ich dir auch, Zappelchen«, gab Higgins zurück. »Für mich wird es eine fröhliche Weihnacht sein, weil du hier bist. Meine Kinder sind erwachsen und fortgezogen, meine Frau ist gestorben, und ich bin seit vielen Jahren allein in meinem Häuschen bei der Brücke. Diesmal aber werde ich, wenn ich zum Hügel hinaufschaue, kein dunkles Haus mehr sehen. Ich werde ein durchwärmtes Haus sehen, das eine Familie bewohnt, und über dem Haus einen großen leuchtenden Stern. Oh, endlich haben Timothy und ich über etwas zu reden!«

Zappelchen wunderte sich. »Soll das heißen, daß Sie sich immer noch mit ihm unterhalten?«

»Natürlich«, antwortete Higgins heiter. »Er und ich, wir wandern zusammen, wie immer an Weihnachten – ich in Fleisch und Blut, er im Geist.«

Zappelchen vernahm dies, und nach wie vor wußte er nicht, ob ihm die Vorstellung zusagte, daß gerade in dieser Weihnachtsnacht ein Geist umgehen sollte. Er lief ins Haus, machte die Tür fest hinter sich zu und begab sich auf die Suche nach seiner

Mutter. Er fand sie im Wohnzimmer, wo sie Silberkugeln an den Christbaum hängte.

»Mutter«, sagte er mit dünner Stimme, »da bin ich.«

Erstaunt drehte sie sich um. »Aber Zappelchen«, rief sie, »du bist ja ganz blaß. Ist dir kalt?«

»Nein«, erwiderte er. »Es ist nur ... Herr Higgins sagt, wir hätten einen Geist, der hier spukt.«

»Wirklich?« gab sie zurück. »Nun, wer ist es denn?«

»Ein Mann, der früher hier gewohnt hat, sagt Herr Higgins, aber jetzt ist er ein Geist.«

Die Mutter lachte. »Ach, dieser Higgins – was er nicht alles redet!« Damit hängte sie wieder eine Silberkugel auf.

In diesem Augenblick hörte Zappelchen den Vater oben ein Weihnachtslied singen, und er rannte zu ihm hinauf.

»Pappi, wußtest du, daß wir einen Geist haben, der hier spukt?«

Der Vater verschnürte gerade ein in Silberpapier gewickeltes Päckchen mit einem roten Band. »Erzähl mir alles genau«, bat er.

Zappelchen begann abermals von vorn: »Es ist der Geist von Timothy Stillwagon, der früher hier wohnte, er und seine Kinder.«

»Er und seine Kinder«, antwortete der Vater. »Sicher hatten sie ein glückliches Familienleben. Verrate bloß nicht deiner Mutter, daß du mich hier beim Einpacken ertappt hast. Das ist nämlich ein Geschenk für sie.«

»Ich werde es nicht verraten«, beteuerte Zappelchen. Er schaute zu, wie sein Vater eine schöne, große Schleife band. »Hast du Angst vor Geistern, Pappi?« fragte er nach einer Weile.

»Je nun, ich habe noch nie einen Geist gesehen«, erwiderte der Vater. »Es ist dumm, sich vor etwas zu fürchten, das man nie gesehen hat. Weißt du, Zappelchen, ich glaube gar nicht an Geister.«

»Herr Higgins glaubte daran«, betonte Zappelchen. »Er ist ein einsamer alter Mann, und vielleicht träumt er von Geistern, um etwas Gesellschaft zu haben. Und da wir gerade von Gesellschaft sprechen, laß uns hinuntergehen und sehen, ob Mutter beim Baumschmücken unsere Hilfe braucht.«

Sie gingen zusammen hinunter, und wie es sich dann ergab – sie aßen am Kamin, danach kam das Bad an die Reihe, und schließlich hängte Zappelchen seinen Strumpf am Kaminsims auf –, dachte er beim Zubettgehen nicht mehr an Timothy Stillwagon, sondern an den Weihnachtsmann.

Wie lange Zappelchen geschlafen hatte, wußte er nicht. Als er aufwachte, war das Haus still – so still, daß er beschloß, aufzustehen und nachzusehen, warum es so still war. Er schlüpfte in seine Pantoffeln, zog seinen warmen roten Bademantel an und ging zum Fenster. Der große Stern strahlte immer noch, so daß der Weihnachtsmann seinen Weg finden konnte, ja, er leuchtete so hell, daß Zappelchen beinahe die Brücke erkennen konnte.

Dann gewahrte er plötzlich den Geist. Langsam, ganz langsam kam eine kleine Gestalt aus der Scheune und ging zur Brücke hinunter. Zappelchen guckte so angestrengt, wie er es nur vermochte. War es wirklich ... ja, es war wirklich ein Geist, ein schattenhaft grauer Geist im Licht des Sternes.

Sekundenlang wollte Zappelchen zum Bett zurücklaufen und sich die Decke über den Kopf ziehen. Dann fiel ihm ein, was sein Vater gesagt hatte, und anstatt sich im Bett zu verstecken, faßte er den Entschluß, hinauszugehen und sich den Geist näher anzusehen, um festzustellen, ob er sich vor ihm fürchtete.

Er brauchte mehrere Minuten, um sich anzuziehen, auch den warmen Mantel und die Stiefel, doch es gelang ihm. Er stahl sich zur Vordertür hinaus, und er war froh, daß der große Stern die Wiese und den Weg erhellte, so daß er sich keine Laterne aus der Scheune holen mußte. So schnell wie möglich lief er den Weg hinunter, wobei er nach dem Geist ausschaute. Er konnte ihn nicht sehen. Er sah niemand und nichts außer dem verschneiten weißen Weg, den der Stern beleuchtete.

Jetzt empfand er beinahe Enttäuschung. Einem Geist so nahe zu sein und ihn dann zu verlieren! Mitten im Lauf hielt er inne und überlegte, ob er nicht lieber umkehren und wieder zu Bett gehen sollte. Angst hatte er nicht – o nein! Aber alles war so still, und hinter dem Licht, das der Stern verbreitete, lag Dunkelheit. Aber Zappelchen hatte ein tapferes Herz, und bald setzte er seinen Weg zur Brücke fort.

Das war gut, denn nun sah er den Geist wieder. Er saß auf der Brückenmauer, er wirkte sehr klein, müde und einsam.

Auf einmal fürchtete sich Zappelchen nicht mehr. Er schritt rascher aus, bis er zur Brücke gelangte. Dann blieb er stehen und betrachtete den Geist.

Hier war das Licht des Sternes matt, und er konnte den Geist nicht sehr gut sehen. Er trat näher und immer näher heran, bis er ganz nahe war. Ja, da saß der Geist auf der steinernen Brückenmauer!

Und was mußte gerade in diesem Augenblick geschehen? Zappelchen nieste. Er hatte vergessen, seine Mütze aufzusetzen, und der kalte Wind blies ihm um die Ohren und zauste sein Haar. Bei dem Niesgeräusch zuckte der Geist erschrocken zusammen.

»Nanu, Zappelchen!« sagte er. »Was tust denn du hier mitten in der Nacht?«

Es war keine Geisterstimme, ganz und gar nicht. Es war Higgins' Stimme. Der Wind blies die Hutkrempe des Geistes in die Höhe, und unter dem Hut war Higgins' Gesicht, das durchfroren und verrunzelt aussah.

»Ich wollte den Geist sehen«, erklärte Zappelchen, »und Sie sind es bloß, Herr Higgins. Ist überhaupt kein Geist da? Sie hätten nicht sagen sollen, hier wäre ein Geist, wenn Sie es bloß sind, Herr Higgins.«

»Na ja, ich schäme mich, daß ich sagte, es wäre ein Geist«, antwortete Higgins, »wenn es nur die Erinnerung an Timothy Stillwagon ist, mit der ich in der Weihnachtsnacht wandere. Natürlich kann er nicht in Fleisch und Blut wie einst diesen Weg gehen, und so machte ich aus ihm einen Geist, denn selbst ein Geist ist mehr als gar nichts, mußt du wissen. Ja, es ist wohl nur ein Gedenken, mit dem ich durch die Nacht gehe.«

»Was ist ein Gedenken?« fragte Zappelchen.

Higgins drückte sich den Hut tiefer ins Gesicht. »Das ist die Erinnerung an einen Menschen, den man nie vergessen kann, auch die Erinnerung an ein Erlebnis.«

»Wie der graue Pudel, den wir hatten«, bekräftigte Zappelchen. »Er wurde krank und starb, als wir noch in der Stadt wohnten. Aber ich vergesse ihn nie. Er hieß Toby. Ist er mein Gedenken, Herr Higgins?«

»Natürlich«, sagte Higgins, »genau wie Timothy für mich. Wir waren ein Leben lang Freunde, er und ich. Wir gingen zusammen fischen, als wir so alt waren wie du. Unter dieser Brücke hier saßen wir und angelten, und die Fische nahmen wir zum Abendessen mit nach Hause. Wir wurden erwachsen und heirateten, und wir hatten kleine Buben, die dir ähnelten, und dann war eines Tages alles vorbei, und nur ich blieb zurück – ich und das Gedenken. Für mich ist Timothy nicht tot, Zappelchen. Nenne ihn einen Geist oder auch nicht – ich sehe ihn in diesem Augenblick lebendig vor mir, weil wir Freunde waren. Solange du dich an einen Menschen erinnerst, ist er noch am Leben – in dir, wenn auch sonst nirgends –, nicht wahr, Timothy, alter Freund?«

Higgins wandte den Kopf und lächelte genauso, als ob Timothy neben ihm auf dem Mäuerchen säße. »Sehen Sie ihn?« fragte Zappelchen. »Ich sehe ihn«, antwortete Higgins, »aber nur, weil ich weiß, wie er aussah. Du kannst ihn nicht sehen, weil du nicht weißt, wie er aussah.«

»Angst haben Sie nicht?«

»Natürlich nicht«, sagte Higgins. »Glaubst du etwa, ich könnte mich vor Timothy fürchten? Er machte mir nie Angst, also auch jetzt nicht. Solange ich lebe, sind wir dieselben Freunde wie stets.«

»Aber wenn Sie gestorben sind, Herr Higgins?«

»Dann wirst du meiner gedenken – am Weihnachtsabend. Wir sind ja jetzt schon so gute Freunde. Der Weihnachtsabend ist die richtige Zeit, der Freunde zu gedenken. Weihnachten ist nicht nur für Geschenke da, mußt du wissen, sondern für Gedanken – für liebevolle Gedanken.«

»Ich werde immer an Sie denken, Herr Higgins«, sagte Zappelchen.

»Gut«, antwortete Higgins. »Das hätte ich zu Weihnachten lieber als einen Sack voll Geschenke.« Er stand auf. »Die Mauer ist ein bißchen kalt unter mir. Und du gehörst ins Bett. Ich bringe dich nach Hause.« Er nahm Zappelchen an der Hand, und sie erstiegen den Hügel, kamen wieder ins helle Licht des Sternes, und als sie beim Hause anlangten, wünschte Higgins abermals fröhliche Weihnachten, und Zappelchen sagte das gleiche zu ihm.

Dann ging Zappelchen die Treppe hinauf und zog wieder seinen Schlafanzug an. Bevor er ins Bett kletterte, blickte er zum Fenster hinaus, und er sah Higgins, sehr klein und gebeugt, den Weg zur Brücke hinuntergehen.

›Wenn ich so groß bin wie Pappi‹, sagte Zappelchen zu sich selbst, ›werde ich am Weihnachtsabend vielleicht aus diesem Fenster schauen und Herrn Higgins Geist dort gehen sehen. Nur wird es kein Geist sein. Es wird mein Gedenken sein.‹

Er legte sich zu Bett und zog die Decke herauf. Morgen wollte er den Eltern alles erklären – wie es sich mit dem Weihnachtsgeist verhielt. Morgen ... morgen ... auf einmal schlief er tief.

Die zwölf Fremden

BARBARA BARTOS-HÖPPNER

Meine Mutter war eine kleine Frau mit braunen Haaren und
braunen Augen. Sie strahlte Wärme und Güte aus, und niemand,
der Rat oder Hilfe brauchte, ging leer von ihr fort, niemand
hungrig von unserem Tisch, auch in den schwersten Notzeiten
nicht. Ein Unrecht nahm sie nicht hin, sondern wehrte sich ener-
gisch dagegen. Wenige Worte waren ihr stets lieber als lange
Reden, aber sie war nicht etwa ein schweigsamer Mensch. In
ihrer lebhaften Art erzählte sie oft bis in die tiefe Nacht hinein.
Sie war keine Kirchengängerin und wußte auch in der Bibel nicht
gut Bescheid, und doch weiß ich keinen Menschen außer ihr,
dem es selbstverständlich war, andern zu helfen, andere mit Liebe
zu beschenken.

Ich erinnere mich an die Kriegsweihnacht des Jahres 1940.
Wir hatten einen Teil des großen Hauses leer räumen müssen, um
Platz zu schaffen für ein Dutzend französischer Kriegsgefangener.
Vorübergehend, wie es hieß, nur bis die Unterkünfte für sie fertig
gebaut waren. Ich sehe uns noch voller Neugier hinter dem Fenster stehen, als die zwölf Männer kamen. Ein älterer deutscher
Soldat mit einem Gewehr über der Schulter ging zur Bewachung
neben ihnen her. Wären sie nicht unterschiedlich groß gewesen,
wir hätten einen vom anderen nicht unterscheiden können, so
sehr glichen sie einander mit ihren gelblich-grünen Uniformen
und den abweisenden Gesichtern.

Mein Vater war im vergangenen Krieg in Frankreich Soldat
gewesen, einer meiner Brüder in diesem, und beide hatten sie das
schöne Land, die großartigen Städte und die liebenswürdigen

Menschen gepriesen, und wir Daheimgebliebenen meinten nun wohl, es müßte etwas davon in diesen zwölf Franzosen unter unser Dach ziehen.

Nichts dergleichen war zu spüren. Mürrisch bezogen sie ihre Unterkunft, wir hörten sie laut und anhaltend streiten, mit den Schemeln poltern und ununterbrochen mit ihren Holzschuhen über den Fußboden schlurfen. Dieses Schlurfen und Streiten war das einzige, das wir durch die Wochen von ihnen vernahmen. Wir hatten den Eindruck, daß ihnen nichts, aber auch gar nichts paßte. Die Unterkunft mochte ihnen zu eng sein, die doppelstöckigen Holzbetten zu hart, die Decken zu dünn und das Wetter viel zu kalt. Da wir das alles nicht ändern konnten, wären wir die unzufriedenen Menschen lieber heute als morgen wieder los gewesen. Je zwei von ihnen holten das Essen ab, das meine Mutter in unserer großen Küche für sie kochte. Immer setzten sie dabei verdrossene Mienen auf.

Eines Tages wurde es meiner Mutter zuviel, und als die Essenholer in der Tür erschienen, sagte sie: »Bonjour, messieurs!« Von nun an hörten wir stets ein durch die Zähne gequetschtes »Bonjour«, und wenn meine Mutter anwesend war, ein ebensolches »Merci«.

Die Wochen vergingen. Der erste Schnee fiel, die Temperaturen sanken, die Franzosen froren heftig, Weihnachten rückte heran. Noch hofften wir, zum Fest wieder allein zu sein und das Haus für freundliche Gäste wieder frei zu haben. Aber diese Hoffnung erfüllte sich nicht. Was uns alle, aber besonders meinen Vater wunderte, war, daß die Mutter so viel Pfefferkuchen und Plätzchen backen wollte. Alle seine Beziehungen mußte er spielen lassen, um Mehl, Schmalz und Zucker ohne Lebensmittelkarten herbeizuschaffen.

»Ich möchte bloß wissen, wer das alles aufessen soll«, sagte er eines Tages.

»Wir sind genug Leute«, antwortete die Mutter, doch wir ahnten noch nicht, wen sie in dieses »wir« alles mit einbezog. Aber »wir« waren ja nicht nur eine große Familie, sondern wir hatten eine noch größere Verwandtschaft, und es waren so viele Soldaten drunter, die Weihnachten nicht daheim feiern konnten, die aber alle wissen sollten, daß wir an sie dachten. Also backten wir Berge von Pfefferkuchen und Plätzchen, kneteten aus Grieß, Puderzucker und Mandelaroma falsches Marzipan und sparten hier ein Löffelchen Öl und dort ein Stückchen Schmalz für den Christstollen auf.

Zum Christbaumkauf nahm der Vater die Mutter mit. Umtauschen lag ihm nicht, und darauf lief es immer hinaus, wenn er allein loszog. Mit einem Prachtstück von einer Fichte kamen sie wieder. Aber einen Tag vor Weihnachten sagte die Mutter:

»Du mußt noch einmal auf den Christbaummarkt gehen.«

»Willst du in diesem Jahr zwei Bäume putzen?« fragte der Vater.

»Warum nicht?« antwortete sie und lachte. »Es braucht aber nur ein kleines Bäumchen zu sein.«

Auf einmal wurde uns klar, was die Mutter plante. Und am Abend putzten wir zuerst unseren großen Christbaum, der vom Fußboden bis zur Stubendecke reichte, und dann das Bäumchen mit Lichtern und Lametta.

Das Bäumchen steckte in einem hölzernen Kreuz und konnte gut auf einen Tisch gestellt werden. Wir fragten die Mutter nicht danach, wie sie es sich damit für den nächsten Abend gedacht hatte, wir wußten, daß bei ihr immer alles in guten Händen war.

Der Tag des Heiligen Abends verging mit hunderterlei Vorbereitungen wie im Fluge, und als wir uns nach der Christnacht zum Festessen um den Familientisch versammelten, weihte die Mutter den Wachtposten in ihr Vorhaben ein. Er murmelte etwas von »Verboten« und »Gegen die Vorschrift«, aber die Mutter antwortete:

»Wer am Heiligen Abend unter unserem Dach ist, soll spüren, daß Weihnachten ist. Ich könnte nicht Weihnachten feiern, wenn es anders wäre.« Damit war die Bahn frei. Vater mußte Punsch brauen. »Aber einen großen Topf!« mahnte die Mutter, »damit sich jeder noch einmal nachschenken kann.« Wir stellten inzwischen die Gläser zurecht und zwölf Teller dazu, die die Mutter vollpackte. Pfefferkuchen und mürbe Plätzchen, Zimtsterne und Grießmarzipan kamen darauf, Äpfel waren ohnehin genug im Hause, Haselnüsse und Walnüsse klapperten beinern darüber. Der erste Christstollen wurde aufgeschnitten und zu jedem Teller ein Schälchen mit Mohnklößchen gestellt. Mein Vater, Nichtraucher wie seine Söhne, drückte der Mutter mit gutem Gewissen ein paar Schachteln Zigaretten zur gerechten Verteilung in die Hände.

Jetzt mußte der Wachtposten die Franzosen in einen Nebenraum dirigieren, und der Vater trug den Christbaum in ihre Behausung. Wir schleppten Teller und Gläser hinterher, und während er den Punsch einfüllte und den Topf zum Nachschenken auf den Ofen stellte, zündete die Mutter die Lichter auf dem Christbaum an. Dann verschwanden wir.

Was danach gewesen ist, kann ich nicht sagen. Ich weiß nur, daß wir alle sehr aufgeregt waren und froh, aber das mochte davon kommen, daß nun auch uns die Einbescherung erwartete.

Es mag eine halbe Stunde später gewesen sein, wir saßen mit unseren Geschenken um den Christbaum herum, die Kerzen flackerten, die angeräucherten Tannenzweige dufteten, es war warm und still. Da hörten wir sie kommen. Ganz leise tappten zwölf Paar Füße über die Dielen, einer der Franzosen klopfte, und dann schoben sie sich auf Strümpfen zur Tür herein. Im nächsten Augenblick war meine Mutter umringt und ein zwölffacher Redeschwall ging auf sie nieder, in dem »Merci, Madame, merci!« noch am deutlichsten zu verstehen war. Dann kam der Vater an die Reihe und dann jeder von uns. Und auf einmal hatten sie alle nicht mehr die gleichen Gesichter, sondern jeder wieder sein eigenes, und als sie anfingen, von daheim zu erzählen und die Bilder ihrer Angehörigen hervorholten, waren sie auch keine fremden Gefangenen mehr, sondern nur noch Menschen, die der Krieg geschlagen hatte.

Mutter hatte vom ersten Augenblick an nichts anderes in ihnen gesehen. Wir aber, die wir jung waren und die Köpfe mit überheblichen Phrasen vollgestopft bekamen, wir begriffen es erst jetzt.

Die Tür war verschlossen. Draußen war es kalt, und draußen war der Krieg. In unserem Haus war Frieden geworden an diesem Heiligen Abend.

Paco baut eine Krippe

WILLI FÄHRMANN

Nachdem die Gonzales in die Stadt gegangen waren, stand die Hütte leer. Es war keine feste Hütte, nein, es war eher eine wacklige Bude. Wenn der Wind hart von den Bergen herblies, dann klapperten die losen Bretter an den Wänden und das Wellblechdach drohte wegzufliegen. Aber es war immerhin eine Hütte.

Paco wohnte bei seinen Eltern, nur einen Steinwurf weit von Gonzales' Hütte entfernt. Er war zehn Jahre alt und ziemlich groß für sein Alter. Bei der Maisernte hatte Don Alfredo ihm die Hälfte eines Männerlohns gezahlt. Zu wenig, fand Paco, denn er hatte gearbeitet wie ein ganzer Mann. Aber was Paco dachte, das scherte Don Alfredo wenig. Paco hatte jeden Abend den Tageslohn seiner Mutter gegeben. Fast den ganzen Lohn.

Der Mutter zerfloss das Geld zwischen den Fingern. »Es ist immer zu wenig«, seufzte sie, wenn sie aus Don Alfredos Laden kam und ein paar Kleinigkeiten eingekauft hatte.

»Und immer wieder landet das Geld bei Don Alfredo«, sagte Paco. »Er gibt es und er nimmt es wieder.«

Manchmal dachte Paco auch daran, es genauso zu machen wie die Gonzales und wegzulaufen von der Hazienda und in die Stadt zu gehen. Aber er hatte vom Leben der Gonzales in der Stadt nicht viel Gutes gehört. Seine Freunde Pedro und Alberto waren froh, wenn sie den Touristen für ein paar kleine Münzen die Schuhe putzen konnten, und Papa Gonzales hatte immer noch keine Arbeit gefunden.

Und dann war da ja auch noch Juanita, seine alte Eselin. Paco hatte sie von seinem Großvater geerbt, als der im Jahr zuvor gestorben war. Die Eselin und Großvaters wunderbarer Strohhut mit der breiten Krempe, das war Pacos Erbteil. Viel mehr hatte der Großvater auch nicht zu vererben gehabt. Im Gegenteil, in Don Alfredos Laden hatte er sogar Schulden gemacht. Aber Don Alfredo konnte manchmal auch großzügig sein. Er hatte die Schulden einfach durchgestrichen. Die Eselin sah Don Alfredo sich allerdings genau an. Aber wie gesagt, Juanita war alt und ihr Fell war wie von Motten zerfressen. Da sagte Don Alfredo zu Paco: »Wenn du das Tier haben willst, dann nimm es von mir aus.«

Paco hatte Juanita herausgefüttert und keiner sagte mehr: »Auf ihren Rippen kann man Gitarre spielen.« Paco brachte die Eselin in Gonzales' Hütte unter und Don Alfredo verbot es nicht.

Ja, manchmal war Don Alfredo wirklich großzügig. Aber am besten war es, daß er Paco erlaubte zu Doña Klara zu gehen. Doña Klara war die alte Tante von don Alfredo. Sie hatte sich in den Kopf gesetzt den Kindern aus den Arbeiterhütten das Schreiben und das Lesen beizubringen. Paco aber sollte für Don Alfredo tagsüber in den Feldern arbeiten. Doch Doña Klara stritt mit Don Alfredo darüber. »Paco ist mein fleißigster Schüler«, sagte sie. »Er ist zwar schon zehn, aber ich wünsche, daß er bei mir in der Schule bleiben darf. Er ist ein heller Kopf.«

»Helle Köpfe sind gefährlich, Tante«, antwortete Don Alfredo. »Erst lernen sie lesen und schreiben, dann wollen sie mehr Lohn und schließlich auch noch ein Stück Land.«

Aber schließlich setzte Doña Klare ihren Willen durch.

Was Paco in der Schule am besten gefiel, das waren Doña Klaras Geschichten. Wenn sie erzählte, dann wurden ihre Augen groß und rund. Die Kindere waren mäuschenstill.

Eine ihrer Geschichten war es auch, die jene wunderbare Nacht möglich machte, jene Nacht, von der viele auf der Hazienda noch Jahre später erzählten.

Doña Klara berichtete von der Geburt Jesu und es hielt sie

nicht hinter dem Pult. Sie ging gebeugt vor den Kindern hin und her und war der heilige Josef. Dann plusterte sie sich auf und wies als Wirt mit barschen Worten und hartem Gesicht Maria und Josef aus dem Haus.

Besonders gern hatten es die Kinder, wenn sie der Engel war. Sie stand dann mit weit ausgebreiteten Armen da und verkündete die Frohe Botschaft. Ihr Gesicht strahlte wie Engelsglanz. Und wenn sie Ochs und Esel darstellte und brummte und laut I-A schrie, dann mußten die Kinder lachen. Die Freude sprang aber erst recht auf alle über, wenn sie still und mit einem Male ganz jung geworden, das Jesuskind in ihrem Schoß wiegte.

Doña Klare konnte alles sein, Maria und Josef, der Engel, die Hirten, die Tiere und die Heiligen Drei Könige. Nur wenn Don Alfredo unversehens hereinschaute, dann war sie wieder die strenge Lehrerin Doña Klara.

Genau diese Geschichte von der Geburt Jesu war es, die in Pacos Kopf ein Nest baute. Es brütete in dem Jungen, bunte Vögel schlüpften aus und flogen ins Freie.

Paco schmückte eines Tages die Hütte von Gonzales mit immergrünem Efeu und schaffte, niemand weiß, woher, einen Futtertrog herbei. Juanita, die Eselin, wurde angeleint, weil sie immer an dem Grün knabberte. Aus einem Pappkarton schnitt Paco einen Stern aus und befestigte ihn über der Tür zur Hütte.

Dann wusch sich Paco so gründlich wie im ganzen Jahr noch nicht, rieb alle Flecken aus seinem Poncho und bürstete seinen schönen Hut.

»Paco geht auf Brautschau«, neckte ihn seine Mama, aber darüber konnte er nur lachen.

Paco faßte sich ein Herz und ging zum Herrenhaus hinüber. Noch nie vorher war er in Don Alfredos Haus gewesen. Zaghaft klopfte er an die große Tür. Carlos, der alte Hausdiener, öffnete. Er zog die Augenbrauen hoch und schaute auf Paco herab.

»Ich muß Don Alfredo sprechen«, sagte der Junge. Als Carlos stumm blieb, holte Paco einen halben Silberpeso hervor. Den hatte er vom Erntegeld zusammengespart. Er zeigte Carlos das Geldstück und ließ es dem Hausdiener in die Hand gleiten. »Es ist dringend, Carlos, sehr dringend«, sagte Paco.

Carlos drehte sich um und der Junge lief hinter ihm her in die große, kühle Halle.

So etwas war Paco bisher nur aus Märchen bekannt. Der Boden war mit weichen Teppichen ausgelegt, Bilder schmückten die Wände und von der Decke hing ein Leuchter mit tausend und abertausend glitzernden Kristalltropfen.

Carlos gab dem Jungen ein Zeichen, daß er warten solle. Er verschwand hinter einer mächtigen dunklen Tür. Kurz darauf kam Don Alfredo in die Halle und fuhr Paco barsch an: »Das sind ja ganz neue Moden. Kommst ungerufen in unser Haus und nimmst nicht einmal den Hut vom Kopf.«

Paco riß den Hut herunter und stotterte: »Ich möchte gern ..., ich wollte Sie fragen ..., ich brauche nämlich einen Ochsen, Don Alfredo, ganz dringend.«

Don Alfredo lachte laut und rief: »Hört euch das an! Einen Ochsen will der Bursche. Als ob ich mir nichts, dir nichts einen Ochsen verschenke.« Es öffneten sich zugleich zwei Türen und Doña Klara und Doña Esmeralda, die Frau von Don Alfredo, schauten, was es in der Halle Vergnügliches gab. »Einen Ochsen will er«, rief Don Alfredo und prustete vor Lachen. »Warum nicht gleich eine Kuh dazu oder eine ganze Herde, wie?«

»Nur einen einzigen Ochsen, Don Alfredo, bitte. Aber ein kräftiges Tier soll es schon sein. Geschenkt will ich den Ochsen ja nicht. Ich will ihn nur leihen, leihen für eine einzige Nacht.«

Don Alfredos Lachen brach ab. »Leihen! Einen Ochsen? Für eine einzige Nacht?«

Da wurde Paco eifrig und es sprudelte nur so aus ihm heraus.

»Eine Krippe will ich bauen, so wie Doña Klare erzählt hat, und mein Esel soll dabei seink wie Doña Klare erzählt hat, und mein Esel soll dabei sein, wie Doña Klara erzählt hat, und Maria und Josef, wie Doña Klara erzählt hat, und auch ein Ochse, wie …«

»Doña Klara erzählt hat«, sagte Don Alfredo und schaute seine Tante spättisch an. Doch die zuckte nur die Schultern.

»Damit man sich's besser vorstellen kann, das mit der Geburt in Bethlehem.« Paco hatte den letzten Satz ganz leise gesprochen.

Don Alfredo blickte finster auf den Jungen und der ging allmählich rückwärts auf das Eingangsportal zu. »Werden von Tag zu Tag dreister, diese Pacos«, grollte Don Alfredo.

Aber da sagte Doña Klara: »kann es schaden, lieber Neffe, wenn du dem Jungen den Wunsch erfüllst? Du wirst nicht ärmer davon, aber er fühlt sich für eine Nacht reich wie ein König.«

Don Alfredo zögerte noch, dann aber sagte er: »Na, meinetwegen. Weil ja bald Weihnachten ist.«

Alles andere ging ganz leicht. Maria Simancas war nur wenig älter als Paco. Sie sollte die Gottesmutter sein, weil sie ja auch Maria hieß und so lange, schwarzlockige Haare hatte. Maria wollte ihren kleinen Bruder mitbringen. Das war ein dicker Säugling.

»Weil er so selten schreit«, sagte sie.

Mit dem heiligen Josef war es etwas schwieriger. Paco mußte Fernando überreden und ihm sogar eine Flasche Agavenschnaps versprechen, bevor er sich bereit fand Marias Mann zu sein. »Die Hirten werden von selber kommen«, hoffte Paco.

»Und der Engel?«, fragte Mama ihn. Paco druckste eine Weile herum, aber dann sagte er: »Ich dachte, du, Mama.«

Da lachte sein Vater so laut, dass das Papier zerriss, das er über die zerbrochene Fensterscheibe geklebt hatte. »Ein kugelrunder Engel mit zwei Zentnern«, brüllte er und geriet vor lauter Lachen ganz außer Atem.

»Ich habe kein weißes Kleid, Paco«, sagte Mama traurig. »Engel müssen leuchten.«

»Aber du hast eine wunderschöne Stimme, Mama. Du könntest dich hinter Gonzales' Haus stellen. Dann singst du, was du jedes Jahr an Weihnachten singst: ›Halleluja, Frieden und Halleluja‹.«

Immer noch lachte der Vater. Das ärgerte die Mama und sie sagte: »Das mache ich, Paco.«

Gegen Abend ließ Don Alfredo den Ochsen bringen. Ein junger Hirte führte ihn am Nasenring. Als die Sonne unterging, da kamen fast alle aus ihren Häusern und schwatzten und lachten und liefen zu Gonzales' Hütte. Die Tür und die Fenster standen weit offen. Maria hockte vor dem Trog und hatte den Säugling auf Maisstroh gebettet. Ochs und Esel lagerten friedlich auf dem Boden und Fernando stand auf einen Stab gestützt hinter Maria. Paco zündete eine Stalllaterne an. Es war ein merkwürdiges Bild da in dem Lichtkreis. Alle wurden ganz still und schauten. Wer eigentlich damit angefangen hatte, wusste später niemand mehr zu sagen, aber auf einmal gab einer eine reife Melone, ein anderer legte drei große Maiskolben vor dem Trog nieder, eine Frau schenkte eine fast neue Windel und ein Krug Milch und ein frisches Brot wurden in die Hütte gereicht.

Gerade als Don Alfredo, Doña Esmeralda und Doña Klara aus dem Herrenhaus herüberkamen, da begann hinter der Hütte Mama das Halleluja mit lauter, klarer Stimme zu singen.

Es war kühl geworden und Don Alfredo und die Frauen hatten sich in lange weite Mäntel gehüllt. Vor ihnen tat sich eine Gasse auf. Schnurstracks gingen sie unter dem Stern her in Gonzales' Hütte hinein.

»Puh!«, sagte Doña Esmeralda, »hier riecht es nicht gut.« Sie holte ein Parfümfläschchen aus ihrer Tasche. Doch es rutschte ihr aus der Hans und zersprang auf dem Boden. Ein wunderbarer Duft durchströmte die Hütte. Don Alfredo schaute sich nach Paco um, doch es war inzwischen dunkel geworden und er klnnte ihn in dem matten Schein der Laterne nicht sehen. Da legte Don Alfredo ein Geldstück zu den Geschenken. Es glänzte wie Gold.

Doña Klara hatte Paco entdeckt. »Damit alles richtig wird«, flüsterte sie ihm zu. »Ich habe ein Beutelchen Myrrhe mitgebracht.« Und für einen Augenblick war sie einer der Heiligen Drei Könige. Und für kurze Zeit war ein großer Friede in Gonzales' Hütte. Don Alfredo und Mama, Doña Esmeralda, Doña Klara und Maria, ja, selbst der mürrische Fernando, sie alle waren nicht arm oder reich, nicht Herren oder Landarbeiter, nicht vornehme Damen oder arme Indiofrauen, in diesem Augenblick waren sie alle nur Menschen.

Dann erlosch die Stalllaterne. Als sie die Nachtkälte zu spüren begannen, liefen sie auseinander, die einen in ihre Hütten, die anderen in das Herrenhaus.

Doch von dieser Nacht an, in der sie einen kurzen Blick in eine andere Welt getan hatten, erzählen die Leute in jener Gegend bis auf den heutigen Tag immer wieder die Geschichte von Paco und seiner Krippe.

Die Landstraßengeschichte

MARGRET RETTICH

Dass sie Weihnachten im Auto verbringen mussten, hatte ihnen Papa eingebrockt. Er wird manchmal sehr wütend und macht dann unmögliche Sachen. Später tut es ihm leid, denn eigentlich ist er gut und friedlich.

Dieses Mal war er wütend über Oma, das ist die Mutter von Mama. Papa und Mama sind zu ihr in das Haus gezogen, damit sie nicht allein wohnt. Es war damals nach dem Tod von Opa und ist nun schon lange her. Inzwischen sagen Papa und Mama: »Die Oma wohnt bei uns.«

Aber Oma sagt immer noch: »Ihr wohnt bei mir!«

Papa kann es nicht leiden, wenn sie das sagt.

Mama lacht darüber und meint: »Lass sie reden, und ärgere dich nicht.«

Warum musste Oma aber ausgerechnet am Weihnachtsvormittag wieder damit anfangen? Papa stand im Wohnzimmer auf der Leiter und schmückte den Baum. Er steckte gerade die Silberspitze auf, als Oma hereinkam und fragte: »Warum steht der Baum hinter der Tür?«

»Wo sollte er sonst stehen?« entgegnete Papa.

»Bei mir pflegte er links vom Fenster zu stehen«, sagte Oma.

»Und jetzt steht er hinter der Tür«, gab Papa von der Leiter herab zurück.

»Solange ihr bei mir wohnt, solltet ihr auf mich hören«, erwiderte Oma. Und dann gerieten sie in Streit. Sie sagten dies und das, und als Mama aus der Küche kam, um sich einzumischen, redeten alle durcheinander.

Papa war sehr wütend.

Er riss den Schmuck wieder vom Baum und warf ihn in die Kartons zurück.

»Was tust du?« rief Mama.

»Pack die Geschenke, Süßigkeiten, Betten und Zahnbürsten ein. Wir feiern Weihnachten woanders. Irgendwo werden wir willkommen sein und unseren Baum da aufstellen dürfen, wo wir es wollen.«

Er nahm den Baum, rannte damit nach draußen und schnallte ihn auf das Autodach.

Auf dem Hof spielte Nickel mit seinem Freund. »Was machst du?« fragte er Papa.

»Wir verreisen. Und weil wir unterwegs Weihnachten feiern werden, brauchen wir unseren Baum!« rief Papa und war schon wieder im Haus.

»Toll«, sagte Nickels Freund. Und Nickel war sehr stolz auf Papa, der manchmal so unmögliche Sachen machte.

Oma lief hinter Papa her und jammerte: »So war es doch nicht gemeint!« Aber er schob sie bloß beiseite.

Mama rief: »Ist das wirklich dein Ernst?« Aber Papa hatte schon die Betten in eine Wolldecke geschnürt und verstaute sie im Kofferraum. Da kramte Mama alle Geschenke zusammen und packte etwas Wäsche und Kleidung ein. Sie holte aus der Küche die Kuchen, und Oma brachte eine Thermosflasche mit heißem Tee.

Dann zog Mama den Maxel warm an und setzte ihn auf sein Stühlchen hinter sich ins Auto. Nickel gab Oma einen Kuss, winkte – und schon ging die Fahrt los.

Papa war immer noch wütend und fuhr sehr schnell. Er drehte das Lenkrad, dass ihre Köpfe hin und her flogen. Er bremste, dass alle nach vorn kippten. Er hupte, wenn ihm andere Autos keinen Platz machten.

Das gefiel Nickel, und der Maxel kreischte vor Vergnügen.

Aber Mama sagte: »Bitte fahr vorsichtig, oder ich steige aus.«

Da wurde Papa ruhiger.

Später fragte Mama: »Wohin fahren wir eigentlich?«

Papa antwortete: »Zu meiner Tante Luise. Du wirst sehen, dass es uns dort besser geht als bei deiner Mutter.«

Es war Mama peinlich, einfach so zu Tante Luise zu fahren. Immerhin waren sie vier Personen, es war Weihnachten, und Tante Luise hatte keine Ahnung, dass sie kamen. Jedoch mit Papa war nicht zu reden. Nach einer Stunde erreichten sie die Stadt, in der Tante Luise wohnte. Sie fuhren vor das Haus, und Papa stieg aus, um zu klingeln. Er klingelte noch mal und noch mal, aber es machte niemand auf.

Im Nebenhaus rief eine Frau aus dem Fenster: »Da ist niemand zu Hause«, und sie erzählte Papa, dass Tante Luise verreist sei, weil sie Weihnachten nicht allein sein wollte. Ja, wenn sie gewusst hätte, dass Besuch kommt, wäre sie sicher geblieben und hätte sich gefreut. »Schon gut«, sagte Papa, »besten Dank und frohes Fest.« Er startete wieder.

»Wohin fahren wir jetzt?« fragte Mama.

Papa entsann sich, dass er in dieser Stadt einen alten Schulfreund hatte. Papa meinte, der würde sich bestimmt freuen, wenn sie so unvermutet auftauchten, denn er sei früher ein lustiges Haus gewesen. Mama war nicht so sicher, aber sie sagte nichts.

Nickel rief: »Fein, wir fahren in ein lustiges Haus!« Und der Maxel kreischte vor Wonne.

Papas Freund war zwar zu Hause, doch besonders lustig war er nicht. Er erinnerte sich nicht einmal an Papa und musste eine Weile grübeln. Erst als er Nickel sah, wußte er es, denn Nickel sah genauso aus wie Papa früher.

Er bat sie in seine Wohnung, und weil es Mittag geworden war, brachte seine Frau für jeden einen Teller Kartoffelsuppe. Mama durfte im Nebenzimmer den Maxel trockenlegen, und Nickel durfte mal aufs Klo. Dann sagte Papas Freund: »Sicher habt ihr noch eine weite Fahrt vor euch. Wir wollen euch nicht aufhalten. Heute hat jeder noch viel zu tun. Es war nett, dass ihr uns mal kurz besucht habt.«

Papa traute sich nicht, etwas zu sagen. So kletterten alle wieder in das Auto und fuhren weiter. Der Freund und seine Frau standen vor ihrem Haus und winkten.

Nicht weit von hier hatte Papa einen Vetter. Der hatte eine Frau und drei Kinder und einen Bauernhof mit viel Platz. Dort waren sie früher oft gewesen, aber weil der Vetter so ähnlich wie Papa war und leicht wütend wurde, waren sie es einmal zur gleichen Zeit und hatten sich verkracht.

»Wir sollten zu deinem Vetter fahren«, sagte Mama jetzt.

Das war für Papa sehr unangenehm, aber er sah ein, dass Mama einen guten Vorschlag gemacht hatte. Vor dem Bauernhof blieb er im Auto sitzen und schickte Mama ins Haus. Nickel wollte gleich mit, aber Papa hielt ihn fest.

Als Mama wiederkam, setzte sie sich und sagte zu Papa: »Fahr nur gleich weiter.«

»Ist er mir noch böse?« fragte Papa.

»Das nicht«, erwiderte Mama, »aber er und die drei Kinder liegen im Bett und haben Ziegenpeter. Den haben Nickel und Maxel noch nicht gehabt.«

Papa war sehr schweigsam.

Mama ließ ihn von jetzt an bei jedem Gasthaus halten und nach Zimmern fragen. Doch sie hatten kein Glück. Entweder war geschlossen, oder alle Zimmer waren belegt.

Nickel und Maxel hatten Hunger, und Mama gab ihnen Lebkuchen. Einmal hielt Papa an, und alle vertraten sich die Füße.

Als sie wieder fuhren, fragte Nickel, wann endlich Bescherung sei. Er wollte nun gern seine Geschenke haben.

»Wenn wir da sind«, sagte Mama.

»Wann sind wir da?« fragte Nickel.

Mama sagte zu Papa: »Bitte, lass uns umkehren.« Und wirklich, Papa drehte um.

Sie fuhren nun fast allein auf der Straße. Es war dunkel. Der Maxel schlief. Mama und Nickel sangen Weihnachtslieder. Dann schlief Nickel auch.

Später hielten sie noch einmal an, und Mama schenkte Papa den heißen Tee ein.

»Gut, dass du daran gedacht hast«, sagte er. »Daran hat Oma gedacht«, sagte Mama.

Als sie zu Hause ankamen, brannte nirgends mehr Licht. Mama trug den Maxel ins Bett, und Papa schleppte Nickel. Die merkten nichts.

Als am anderen Morgen noch alle schliefen, holte Papa den Baum vom Autodach, stellte ihn ins Wohnzimmer hinter die Tür und fing an, ihn zu schmücken. Als er halb fertig war, nahm er ihn und stellte ihn links vom Fenster auf. Mama kam und brachte die Geschenke. Sie trug Maxel ins Zimmer, und Nickel sprang hinter ihr her. Papa zündete die Kerzen an.

»Jetzt feiern wir endlich Weihnachten! » rief Nickel. Aber Papa sagte: »Wartet einen Augenblick.« Er holte Oma, die noch nicht zum Vorschein gekommen war. Er drückte sie an sich, gab ihr einen Kuss und rief: »Frohe Weihnachten!«

Papa ist meist der friedlichste und beste Mensch. »Was bin ich froh, dass ihr wieder da seid!« sagte Oma. »Ich wohne so gern bei euch. Aber«, setzte sie hinzu, »ist es nicht wirklich besser, wenn der Baum links vom Fenster steht statt hinter der Tür?«

»Oma!« rief Mama.

Aber Papa lachte.

5

ERINNERUNGEN

Weihnachten

JOSEPH VON EICHENDORFF

Markt und Straßen stehn verlassen,
Still erleuchtet jedes Haus,
Sinnend geh ich durch die Gassen,
Alles sieht so festlich aus.

An den Fenstern haben Frauen
Buntes Spielzeug fromm geschmückt,
Tausend Kindlein stehn und schauen,
Sind so wunderstill beglückt.

Und ich wandre aus den Mauern,
Bis hinaus in's freie Feld,
Hehres Glänzen, heil'ges Schauern!
Wie so weit und still die Welt!

Sterne hoch die Kreise schlingen,
Aus des Schnees Einsamkeit
Steigt's wie wunderbares Singen –
O du gnadenreiche Zeit!

Weihnacht bei Buddenbrooks

THOMAS MANN

Schnee fiel, es kam Frost, und in der scharfen, klaren Luft erklangen durch die Straßen die geläufigen oder wehmütigen Melodien der italienischen Drehorgelmänner, die mit ihren Sammetjacken und schwarzen Schnurrbärten zum Feste herbeigekommen waren. In den Schaufenstern prangten die Weihnachtsausstellungen. Um den hohen gotischen Brunnen auf dem Marktplatz waren die bunten Belustigungen des Weihnachtsmarktes aufgeschlagen. Und wo man ging, atmete man mit dem Duft der zum Kauf gebotenen Tannenbäume das Aroma des Festes ein.

Dann endlich kam der Abend des 23. Dezembers heran und mit ihm die Bescherung im Saale zu Haus, in der Fischergrube, eine Bescherung im engsten Kreise, die nur ein Anfang, eine Eröffnung, ein Vorspiel war, denn den Heiligen Abend hielt die Konsulin fest in Besitz, und zwar für die ganze Familie, so daß am Spätnachmittage des 24. die gesamte Donnerstagstafelrunde, und dazu noch Jürgen Kröger aus Wismar sowie Therese Weichbrodt mit Madame Kethelsen, im Landschaftszimmer zusammentrat.

In schwerer, grau und schwarz gestreifter Seide, mit geröteten Wangen und erhitzten Augen, in einem zarten Duft von Patschuli, empfing die alte Dame die nach und nach eintretenden Gäste, und bei den wortlosen Umarmungen klirrten ihre goldenen Armbänder leise. Sie war in unaussprechlicher stummer und zitternder Erregung an diesem Abend. »Mein Gott, du fieberst ja, Mutter!« sagte der Senator, als er mit Gerda und Hanno eintrat ... »Alles kann doch ganz gemütlich vonstatten gehen.« Aber sie flüsterte, indem sie alle drei küßte: »Zu Jesu Ehren ... Und dann mein lieber seliger Jean ...«

In der Tat das weihevolle Programm, das der verstorbene Konsul für die Feierlichkeit festgesetzt hatte, mußte aufrechterhalten werden, und das Gefühl ihrer Verantwortung für den würdigen Verlauf des Abends, der von der Stimmung einer tiefen, ernsten und inbrünstigen Fröhlichkeit erfüllt sein mußte, trieb sie rastlos hin und her – von der Säulenhalle, wo schon die Marien-Chorknaben sich versammelten, in den Eßsaal, wo Rieckchen Severin letzte Hand an den Baum und die Geschenktafel legte, hinaus auf den Korridor, wo scheu und verlegen einige fremde alte Leutchen umherstanden, Hausarme, die ebenfalls an der Bescherung teilnehmen sollten, und wieder ins Landschaftszimmer, wo sie mit einem stummen Seitenblick jedes überflüssige Wort und Geräusch strafte. Es war so still, daß man die Klänge einer entfernten Drehorgel vernahm, die zart und klar wie die einer Spieluhr aus irgendeiner beschneiten Straße den Weg hierher fanden. Denn obgleich nun an zwanzig Menschen im Zimmer saßen und standen, war die Ruhe größer als in einer Kirche, und die Stimmung gemahnte, wie der Senator ganz vorsichtig seinem Onkel Justus zuflüsterte, ein wenig an die eines Leichenbegängnisses.

Übrigens war kaum Gefahr vorhanden, diese Stimmung möchte durch einen Laut jugendlichen Übermutes zerrissen werden. Ein Blick hätte genügt, zu bemerken, daß fast alle Glieder der hier versammelten Familie in einem Alter standen, in welchem die Lebensäußerungen längst gesetzte Formen angenommen haben. Senator Thomas Buddenbrook, dessen Blässe den wachen, energischen und sogar humoristischen Ausdruck seines Gesichtes Lügen strafte; Gerda, seine Gattin, welche unbeweglich in einen Sessel zurückgelehnt und das schöne weiße Gesicht nach oben gewandt, ihre nahe beieinanderliegenden, bläulich umschatteten, seltsam schimmernden Augen von den flimmernden Glasprismen des Kronleuchters bannen ließ; seine Schwester, Frau Permaneder; Jürgen Kröger, sein Cousin, der stille, schlicht gekleidete Beamte;

seine Cousinen Friederike, Henriette und Pfiffi, von denen die beiden ersteren noch magerer und länger geworden waren und die letztere noch kleiner und beleibter erschien als früher, denen aber ein stereotyper Gesichtsausdruck durchaus gemeinsam war, ein spitziges und übelwollendes Lächeln, das gegen alle Personen und Dinge mit einer allgemeinen medisanten Skepsis gerichtet war, als sagten sie beständig: ›Wirklich? Das möchten wir denn doch fürs erste noch bezweifeln‹ ...; schließlich die arme, aschgraue Klothilde, deren Gedanken wohl direkt auf das Abendessen gerichtet waren: − sie alle hatten die Vierzig überschritten, während die Hausherrin mit ihrem Bruder Justus und seiner Frau gleich der kleinen Therese Weichbrodt schon ziemlich weit über die Sechzig hinaus war und die alte Konsulin Buddenbrook, geborene Stüwing, sowie die gänzlich taube Madame Kethelsen sich schon in den Siebzigern befanden.

In der Blüte ihrer Jugend stand eigentlich nur Erika Weinschenk; aber wenn ihre hellblauen Augen − die Augen Herrn Grünlichs − zu ihrem Manne, dem Direktor, hinüberglitten, dessen geschorener, an den Schläfen ergrauter Kopf mit dem schmalen, in die Mundwinkel hineingewachsenen Schnurrbart sich dort neben dem Sofa von der idyllischen Tapetenlandschaft abhob, so konnte man bemerken, daß ihr voller Busen sich in lautlosem, aber schwerem Atemzuge hob ... Ängstliche und wirre Gedanken an Usancen, Buchführung, Zeugen, Staatsanwalt, Verteidiger und Richter mochten sie bedrängen, ja, es war wohl keiner im Zimmer, dem diese unweihnachtlichen Gedanken nicht im Sinne gelegen hätten. Der angeklagte Zustand von Frau Permaneders Schwiegersohn, das Bewußtsein der gesamten Familie von der Gegenwart eines Mitgliedes, das eines Verbrechens gegen die Gesetze, die bürgerliche Ordnung und die geschäftliche Ehrenhaftigkeit geziehen und vielleicht der Schande und dem Gefängnis verfallen war, gab der Versammlung ein vollständig fremdes, ungeheuerliches Gepräge. Ein Weihnachtsabend der Familie Buddenbrook mit einem Angeklagten in ihrer Mitte! Frau Permaneder lehnte sich mit strengerer Majestät in ihren Sessel zurück, das Lächeln der Damen Buddenbrook aus der Breiten Straße ward um noch eine Nuance spitziger ...

Und die Kinder? Der ein wenig spärliche Nachwuchs? War auch er für das leis Schauerliche dieses so ganz neuen und ungekannten Umstandes empfänglich? Was die kleine Elisabeth betraf, so war es unmöglich, über ihren Gemütszustand zu urteilen. In einem Kleidchen, an dessen reichlicher Garnitur mit Atlasschleifen man Frau Permaneders Geschmack erkannte, saß das Kind auf dem Arm seiner Bonne, hielt seine Daumen in die winzigen Fäuste geklemmt, sog an seiner Zunge, blickte mit etwas hervortretenden Augen starr vor sich hin und ließ dann und wann einen kurzen, knarrenden Laut vernehmen, worauf das Mädchen es ein wenig schaukeln ließ. Hanno aber saß still auf seinem Schemel zu den Füßen seiner Mutter und blickte gerade wie sie zu einem Prisma des Kronleuchters empor ...

Christian fehlte! Wo war Christian? Erst jetzt im letzten Augenblick bemerkte man, daß er noch nicht anwesend sei. Die Bewegungen der Konsulin, die eigentümliche Manipulation, mit der sie vom Mundwinkel zur Frisur hinaufzustreichen pflegte, als brächte sie ein hinabgefallenes Haar an seine Stelle zurück, wurden noch fieberhafter ... Sie instruierte eilig Mamsell Severin, und die Jungfer begab sich an den Chorknaben vorbei durch die Säulenhalle, zwischen den Hausarmen hin über den Korridor und pochte an Herrn Buddenbrooks Tür. Gleich darauf erschien Christian. Er kam mit seinen mageren krummen Beinen, die seit dem Gelenkrheumatismus etwas lahmten, ganz gemächlich ins Landschaftszimmer, indem er sich mit der Hand die kahle Stirne rieb.

»Donnerwetter, Kinder«, sagte er, »das hätte ich beinahe vergessen!«

»Du hättest es ...«, wiederholte seine Mutter und erstarrte ...

»Ja, beinah vergessen, daß heut' Weihnacht ist ... Ich saß und las ... in einem Buch, einem Reisebuch über Südamerika ... Du lieber Gott, ich habe schon andere Weihnachten gehabt ...«, fügte er hinzu und war soeben im Begriff, mit der Erzählung von einem Heiligen Abend anzufangen, den er zu London in einem Tingeltangel fünfter Ordnung verlebt, als plötzlich die im Zimmer herrschende Kirchenstille auf ihn zu wirken begann, so daß er mit krausgezogener Nase und auf den Zehenspitzen zu seinem Platze ging.

»Tochter Zion, freue dich!« sangen die Chorknaben und sie, die eben noch da draußen so hörbare Allotria getrieben, daß der Senator sich einen Augenblick an die Tür hatte stellen müssen, um ihnen Respekt einzuflößen – sie sangen nun ganz wunderschön. Diese hellen Stimmen, die sich, getragen von den tieferen Organen, rein, jubelnd und lobpreisend aufschwangen, zogen aller Herzen mit sich empor, ließen das Lächeln der alten Jungfern milder werden und machten, daß die alten Leute in sich hineinsahen und ihr Leben überdachten, während die, welche mitten im Leben standen, ein Weilchen ihrer Sorgen vergaßen.

Hanno ließ sein Knie los, das er bislang umschlungen gehalten hatte. Er sah ganz blaß aus, spielte mit den Fransen seines Schemels und scheuerte seine Zunge an einem Zahn, mit halb geöffnetem Munde und einem Gesichtsausdruck, als fröre ihn. Dann und wann empfand er das Bedürfnis, tief aufzuatmen, denn jetzt, da der Gesang, dieser glockenreine A-cappela-Gesang die Luft erfüllte, zog sein Herz sich in einem fast schmerzhaften Glück zusammen. Weihnachten ... Durch die Spalten der hohen, weiß lackierten, noch fest geschlossenen Flügeltür drang der Tannenduft und erweckte mit seiner süßen Würze die Vorstellung der Wunder dort drinnen im Saale, die man jedes Jahr aufs neue mit pochenden Pulsen als eine unfaßbare, unirdische Pracht erharrte

... Was würde dort drinnen für ihn sein? Das, was er sich gewünscht hatte, natürlich, denn das bekam man ohne Frage, gesetzt, daß es einem nicht als eine Unmöglichkeit zuvor schon ausgeredet worden war. Das Theater würde ihm gleich in die Augen springen und ihm den Weg zu seinem Platze weisen müssen, das ersehnte Puppentheater, das dem Wunschzettel für Großmama stark unterstrichen zu Häupten gestanden hatte und das seit dem ›Fidelio‹ beinahe sein einziger Gedanke gewesen war.

Ja, als Entschädigung und Belohnung für einen Besuch bei Herrn Brecht hatte Hanno kürzlich zum ersten Male das Theater besucht, das Stadttheater, wo er im ersten Range an der Seite seiner Mutter atemlos den Klängen und Vorgängen des ›Fidelio‹ hatte folgen dürfen. Seitdem träumte er nichts als Opernszenen, und eine Leidenschaft für die Bühne erfüllte ihn, die ihn kaum schlafen ließ. Mit unaussprechlichem Neide betrachtete er auf der Straße die Leute, die, wie ja auch sein Onkel Christian, als Theaterhabitués bekannt waren, Konsul Döhlmann, Makler Gosch ...

War das Glück ertragbar, wie sie fast jeden Abend dort anwesend sein zu dürfen? Könnte er nur einmal in der Woche vor Beginn der Aufführung einen Blick in den Saal tun, das Stimmen der Instrumente hören und ein wenig den geschlossenen Vorhang ansehen! Denn er liebte alles im Theater: den Gasgeruch, die Sitze, die Musiker, den Vorhang ...

Wird sein Puppentheater groß sein? Groß und breit? Wie wird der Vorhang aussehen? Man muß baldmöglichst ein kleines Loch hineinschneiden, denn auch im Vorhang des Stadttheaters war ein Guckloch ... Ob Großmama oder Mamsell Severin – denn Großmama konnte nicht alles besorgen – die nötigen Dekorationen zum ›Fidelio‹ gefunden hätte? Gleich morgen wird er sich irgendwo einschließen und ganz allein eine Vorstellung geben ... Und schon ließ er seine Figuren im Geiste singen; denn die Musik hatte sich ihm mit dem Theater sofort aufs engste verbunden ...

Thomas Mann

»Jauchze laut, Jerusalem!« schlossen die Chorknaben, und die Stimmen, die fugenartig nebeneinander hergegangen waren, fanden sich in der letzten Silbe friedlich und freudig zusammen. Der klare Akkord verhallte, und tiefe Stille legte sich über Säulenhalle und Landschaftszimmer. Die Mitglieder der Familie blickten unter dem Drucke der Pause vor sich nieder; nur Direktor Weinschenks Augen schweiften keck und unbefangen umher, und Frau Permaneder ließ ihr trocknes Räuspern vernehmen, das ununterdrückbar war. Die Konsulin aber schritt langsam zum Tische und setzte sich inmitten ihrer Angehörigen auf das Sofa, das nun nicht mehr wie in alter Zeit unabhängig und abgesondert vom Tische dastand. Sie rückte die Lampe zurecht und zog die große Bibel heran, deren altersbleiche Goldschnittfläche ungeheuerlich breit war. Dann schob sie die Brille auf die Nase, öffnete die beiden ledernen Spangen, mit denen das kolossale Buch geschlossen war, schlug dort auf, wo das Zeichen lag, daß das dicke, rauhe, gelbliche Papier mit dem übergroßen Druck zum Vorschein kam, nahm einen Schluck Zuckerwasser und begann, das Weihnachtskapitel zu lesen.

Sie las die altvertrauten Worte langsam und mit einfacher, zu Herzen gehender Betonung, mit einer Stimme, die sich klar, bewegt und heiter von der andächtigen Stille abhob. »Und den Menschen ein Wohlgefallen!« sagte sie. Kaum aber schwieg sie, so erklang in der Säulenhalle dreistimmig das »Stille Nacht, heilige Nacht«, in das die Familie im Landschaftszimmer einstimmte. Man ging ein wenig vorsichtig zu Werke dabei, denn die meisten der Anwesenden waren unmusikalisch, und hie und da vernahm man in dem Ensemble einen tiefen und ganz ungehörigen Ton ... Aber das beeinträchtige nicht die Wirkung dieses Liedes ... Frau Permaneder sang es mit bebenden Lippen, denn am süßesten und schmerzlichsten rührt es an dessen Herz, der ein bewegtes Leben hinter sich hat und im kurzen Frieden der Feierstunde Rückblick hält ... Madame Kethelsen weinte still und bitterlich, obgleich sie von allem fast nichts vernahm.

Und dann erhob sich die Konsulin. Sie ergriff die Hand ihres Enkels Johann und die ihrer Urenkelin Elisabeth und schritt durch das Zimmer. Die alten Herrschaften schlossen sich an, die jüngeren folgten, in der Säulenhalle gesellten sich die Dienstboten und die Hausarmen hinzu, und während alles einmütig »O Tannenbaum« anstimmte und Onkel Christian vorn die Kinder zum Lachen brachte, indem er beim Marschieren die Beine hob wie ein Hampelmann und albernerweie »O Tannenbaum« sang, zog man mit geblendeten Augen und einem Lächeln auf dem Gesicht durch die weit geöffnete hohe Flügeltür direkt in den Himmel hinein.

Der ganze Saal, erfüllt von dem Dufte angesengter Tannenzweige, leuchtete und glitzerte von unzähligen kleinen Flammen, und das Himmelblau der Tapete mit ihren weißen Götterstatuen ließ den großen Raum noch heller erscheinen. Die Flämmchen der Kerzen, die dort hinter zwischen den dunkelrot verhängten Fenstern den gewaltigen Tannenbaum bedeckten, welcher, geschmückt mit Silberflittern und großen, weißen Lilien, einen schimmernden Engel an seiner Spitze und ein plastisches Krippenarrangement zu seinen Füßen, fast bis zur Decke emporragte, flimmerten in der allgemeinen Lichtflut wie ferne Sterne. Denn auf der weiß gedeckten Tafel, die sich lang und breit, mit den Geschenken beladen, von den Fenstern fast bis zur Türe zog, setzte sich eine Reihe kleinerer, mit Konfekt behängter Bäume fort, die ebenfalls von brennenden Wachslichtchen erstrahlten. Und es brannten die Gasarme, die aus den Wänden hervorkamen, und es brannten die dicken Kerzen auf den vergoldeten Kandelabern in allen vier Winkeln. Große Gegenstände, Geschenke, die auf der Tafel nicht Platz hatten, standen nebeneinander auf dem Fußboden. Kleinere Tische, ebenfalls weiß gedeckt, mit Gaben belegt und mit brennenden Bäumchen geschmückt, befanden sich zu den Seiten der beiden Türen: Das waren die Bescherungen der Dienstboten und der Hausarmen.

Singend, geblendet und dem altvertrauten Raume ganz entfremdet umschritt man einmal den Saal, defilierte an der Krippe vorbei, in der ein wächsernes Jesuskind das Kreuzeszeichen zu machen schien, und blieb dann, nachdem man Blick für die einzelnen Gegenstände bekommen hatte, verstummend an seinem Platze stehen.

Hanno war vollständig verwirrt. Bald nach dem Eintritt hatten seine fieberhaft suchenden Augen das Theater erblickt ... ein Theater, das, wie es dort oben auf dem Tische prangte, von so extremer Größe und Breite erschien, wie er es sich vorzustellen niemals erkühnt hatte. Aber sein Platz hatte gewechselt, er befand sich an einer der vorjährigen entgegengesetzten Stelle, und dies bewirkte, daß Hanno in seiner Verblüffung ernstlich daran zweifelte, ob dies fabelhafte Theater für ihn bestimmt sei. Hinzu kam, daß zu den Füßen der Bühne, auf dem Boden, etwas Großes, Fremdes aufgestellt war, etwas, was nicht auf seinem Wunschzettel gestanden hatte, ein Möbel, ein kommodenartiger Gegenstand ... war er für ihn?

»Komm her, Kind, und sieh dir dies an«, sagte die Konsulin und öffnete den Deckel. »Ich weiß, du spielst gern Chorale ... Herr Pfühl wird dir die nötigen Anweisungen geben ... Man muß immer treten ... manchmal schwächer und manchmal stärker ... und dann die Hände nicht aufheben, sondern immer nur so peu à peu die Finger wechseln ...«

Es war ein Harmonium, ein kleines, hübsches Harmonium, braun poliert, mit Metallgriffen an beiden Seiten, bunten Tretbälgen und einem zierlichen Drehsessel. Hanno griff einen Akkord ... ein sanfter Orgelklang löste sich los und ließ die Umstehenden von ihren Geschenken aufblicken ... Hanno umarmte seine

Großmutter, die ihn zärtlich an sich preßte und ihn dann verließ, um die Danksagungen der anderen entgegenzunehmen.

Er wandte sich dem Theater zu. Das Harmonium war ein überwältigender Traum, aber er hatte doch fürs erste noch keine Zeit, sich näher damit zu beschäftigen. Es war der Überfluß des Glückes, in dem man, undankbar gegen das einzelne, alles nur flüchtig berührt, um erst einmal das Ganze übersehen zu lernen ... Oh, ein Souffleurkasten war da, ein muschelförmiger Souffleurkasten, hinter dem breit und majestätisch in Rot und Gold der Vorhang emporrollte. Auf der Bühne war die Dekoration des letzten Fidelio-Aktes aufgestellt. Die armen Gefangenen falteten die Hände. Don Pizarro, mit gewaltig gepufften Ärmeln, verharrte irgendwo in fürchterlicher Attitüde. Und von hinten nahte im Geschwindschritt und ganz in schwarzem Sammet der Minister, um alles zum besten zu kehren. Es war wie im Stadttheater und beinahe noch schöner. In Hannos Ohren widerhallte der Jubelchor, das Finale, und er setzte sich vor das Harmonium, um ein Stückchen daraus, das er behalten, zum Erklingen zu bringen ... Aber er stand wieder auf, um das Buch zur Hand zu nehmen, das erwünschte Buch der griechischen Mythologie, das ganz rot gebunden war und eine goldene Pallas Athene auf dem Deckel trug. Er aß von seinem Teller mit Konfekt, Marzipan und Braunen Kuchen, musterte die kleineren Dinge, die Schreibutensilien und Schulhefte, und vergaß einen Augenblick alles übrige über einem Federhalter, an dem sich irgendwo ein winziges Glaskörnchen befand, das man nur vors Auge zu halten brauchte, um wie durch Zauberspiel eine weite Schweizerlandschaft vor sich zu sehen ...

Jetzt gingen Mamsell Severin und das Folgemädchen mit Tee und Biskuits umher, und während Hanno eintauchte, fand er ein wenig Muße, von seinem Platze aufzusehen. Man stand an der Tafel oder ging daran hin und her, plauderte und lachte, indem man einander die Geschenke zeigte und die des anderen bewunderte. Es gab da Gegenstände aus allen Stoffen: aus Porzellan, aus Nickel, aus Silber, aus Gold, aus Holz, Seide und Tuch. Große, mit Mandeln und Sukkade symmetrisch besetzte Braune Kuchen lagen abwechselnd mit massiven Marzipanbroten, die innen naß waren vor Frische, in langer Reihe auf dem Tische. Diejenigen Geschenke, die Frau Permaneder angefertigt oder dekoriert hatte, ein Arbeitsbeutel, ein Untersatz für Blattpflanzen, ein Fußkissen, waren mit großen Atlasschleifen geziert.

Dann und wann besuchte man den kleinen Johann, legte den Arm um seinen Matrosenkragen und nahm seine Geschenke mit der ironisch übertriebenen Bewunderung in Augenschein, mit der man die Herrlichkeit der Kinder zu bestaunen pflegte. Nur Onkel Christian wußte nichts von diesem Erwachsenenhochmut, und seine Freude an dem Puppentheater, als er, einen Brillantring am Finger, den er von seiner Mutter beschert bekommen hatte, an Hannos Platz vorüberschlenderte, unterschied sich gar nicht von der seines Neffen.

»Donnerwetter, das ist drollig!« sagte er, indem er den Vorhang auf- und niederzog und einen Schritt zurücktrat, um das szenische Bild zu betrachten. »Hast du dir das gewünscht? – So, das hast du dir also gewünscht«, sagte er plötzlich, nachdem er eine Weile mit sonderbarem Ernst und voll unruhiger Gedanken seine Augen hatte wandern lassen. »Warum? Wie kommst du auf den Gedanken? Bist du schon mal im Theater gewesen? ... Im ›Fidelio‹? Ja, das wird gut gegeben ... Und nun willst du das nachmachen, wie? nachahmen, selbst Opern aufführen? ... Hat es solchen Eindruck auf dich gemacht? ... Hör mal, Kind, laß dir raten, hänge deine Gedanken nur nicht zu sehr an solche Sachen ... Theater ... und so was ... Das taugt nichts, glaube deinem Onkel. Ich habe mich auch immer viel zu sehr für diese Dinge interessiert, und darum ist auch nicht viel aus mir geworden. Ich habe große Fehler begangen, mußt du wissen ...«

Er hielt das seinem Neffen ernst und eindringlich vor, während Hanno neugierig zu ihm aufsah. Dann jedoch, nach einer Pause, während welcher in Betrachtung des Theaters sein knochiges und verfallenes Gesicht sich aufhellte, ließ er plötzlich eine Figur sich auf der Bühne vorwärts bewegen und sang mit hohl krächzender und tremolierender Stimme: »Ha, welch gräßliches Verbrechen!« worauf er den Sessel des Harmoniums vor das Theater schob, sich setzte und eine Oper aufzuführen begann, indem er, singend und gestikulierend, abwechselnd die Bewegungen des Kapellmeisters und der agierenden Personen vollführte. Hinter seinem Rücken versammelten sich mehrere Familienmitglieder, lachten, schüttelten den Kopf und amüsierten sich. Hanno sah ihm mit aufrichtigem Vergnügen zu. Nach einer Weile aber, ganz überraschend, brach Christian ab. Er verstummte, ein unruhiger Ernst überflog sein Gesicht, er strich mit der Hand über seinen Schädel und an seiner linken Seite hinab und wandte sich dann mit krauser Nase und sorgenvoller Miene zum Publikum.

»Ja, seht ihr, nun ist es wieder aus«, sagte er; »nun kommt wieder die Strafe. Es rächt sich immer gleich, wenn ich mir mal einen Spaß erlaube. Es ist kein Schmerz, wißt ihr, es ist eine Qual ... eine unbestimmte Qual, weil hier alle Nerven zu kurz sind. Sie sind ganz einfach alle zu kurz ...«

Aber die Verwandten nahmen diese Klagen ebenso wenig ernst wie seine Späße und antworteten kaum. Sie zerstreuten sich gleichgültig, und so saß denn Christian noch eine Zeitlang stumm vor dem Theater, betrachtete es mit schnellem und gedankenvollem Blinzeln und erhob sich dann.

Alle Jahre wieder

MARIE-LUISE KASCHNITZ

Gestern hat mich der junge Munk besucht. Es war der dritte
Adventssonntag, und natürlich kamen wir bald auf Weihnachten
zu sprechen und auch auf jenes besondere Weihnachten, das letzte, was Munk in unserer Stadt verlebte. Er war damals elf Jahre alt,
und seine Freunde, der kleine Sepp und der große Anton, waren
ungefähr ebenso alt, sie gingen alle in dieselbe Klasse, und weil
sie auch in demselben Mietshaus wohnten, waren sie unzertrenn-
lich, was jedoch nur heißen soll, daß es nach allen Krächen und
Schlägereien immer wieder zu einer Versöhnung kam. Ich wohnte in demselben großen Hause, das gleich nach dem zweiten Kriege eilig und aus schlechtem Material erbaut worden war. Seine
Wände und Decken waren so dünn, daß man aus den Nachbar-
wohnungen alle Geräusche hörte, Stimmen und Schritte, und am
Heiligen Abend die Weihnachtslieder und die kleinen Glocken,
mit denen man die Kinder zu den Bescherungen rief. Aber diesem
Umstand hatte ich es doch zu verdanken, daß ich in jener nun
schon Jahre zurückliegenden Christnacht ahnte, warum die drei
Buben sofort nach der Bescherung wegliefen und warum sie erst
wiederkamen, als die Mitternachtsglocken ausgeläutet hatten. Was
sie in der Zwischenzeit gemacht haben, habe ich freilich erst
gestern von dem jungen Munk erfahren.

Die erlauschten Weihnachtsabende – nun, man muß sich nicht
vorstellen, daß sie einander glichen, wie eine silberne Christ-
baumkugel der anderen gleicht. Ich erinnere mich, daß in den
ersten Jahren überall im Hause noch Weihnachtslieder gesungen
wurden. Später holte man sich die Musik aus dem Rundfunk,

unterbrach sie auch und ließ Glocken läuten oder einen Redner reden und unterbrach am Ende auch diesen, um sich zu Tisch zu setzen zu diesen Weihnachtsmählern, die in jeder Festzeit üppiger wurden.

In den folgenden Jahren aber war es auch mit der Radiomusik vorbei. Es wurden von den Kindern keine Gedichte mehr aufgesagt, die zitternden Töne der Bescherungsglöckchen waren nicht mehr zu vernehmen und auch nicht die Stimme des kleinen Sepp, der früher dazu angehalten worden war, neben dem brennenden Christbaum die Weihnachtsgeschichte aus dem Lukasevangelium vorzulesen. Übrigens zog um diese Zeit auch der Geruch der Christbaumkerzen schon nicht mehr durch das Haus. Die Eltern des großen Anton hatten es überflüssig gefunden, dem Gymnasiasten noch einen Baum zu putzen, und die Eltern des kleinen Sepp hatten ein künstliches Ding gekauft, das sich mit Glühbirnen besteckt im Kreise drehte und dazu »Stille Nacht« spielte, welche Töne man aber auch abstellen konnte und abstellte, schon im zweiten Jahr.

Nur in der Familie Munk gab es noch einen Tannenbaum mit Lichtern. Aber diese Lichter wurden bereits nach fünf Minuten wieder ausgeblasen, weil der Vater des kleinen Munk jetzt sehr nervös war, immer einen Eimer Wasser bereithielt und schon die ganzen fünf Minuten lang mit seiner schrillen Stimme »Ausmachen, ausmachen« rief.

Ich hatte mir nie recht klargemacht, was sich da so langsam veränderte, so daß schließlich von Weihnachten fast nichts mehr übrigblieb als ein Tisch voller Geschenke, ein zu fettes Essen und ein unruhiger Schlaf. An dem Abend aber, von dem ich erzählen will, ging ich kurz vor neun Uhr mit meinem Hund noch einmal auf die Straße, und da sah ich das Haus von außen, sah die Eltern Munk in 220 SE schön angezogen wegfahren, sah den großen Anton im kahlen Zimmer allein am Tisch hocken und begegnete an der Ecke den Bekannten, die zu den Eltern des kleinen Sepp zum Kartenspielen kamen. Und ein wenig später sah ich auch die Buben, die sich aus den Fenstern beugten und einander Zeichen machten und wie sie dann plötzlich alle zusammen aus der Haustüre auf die Straße hinunterliefen. Ich folgte ihnen ein paar Schritte weit, und dabei bemerkte ich, daß an der Ecke ein Mädchen sich ihnen anschloß und daß sie dieses Mädchen mit Schimpfworten und sogar mit Schlägen, aber ganz vergeblich, zu vertreiben versuchten.

Wie der junge Munk mir gestern erzählte, hatte er dieses Mädchen schon vorher gekannt. Er hatte es des öfteren an der Getränkebude getroffen, wo er für seinen Vater Bier holte. Es hatte dort auf einem niederen Mäuerchen seltsame Tanzschritte gemacht und dazu so unzusammenhängende Worte gemurmelt, daß er es für schwachsinnig hielt. An jenem Abend nun hatte es ihm dann noch gewinkt und so getan, als habe es ihm Wichtiges mitzuteilen, und darum war der junge Munk es gewesen, der das Mädchen am lautesten angeschrien und sogar geschlagen hatte. Aber dann hatte er das Kind mitlaufen lassen, weil an diesem Weihnachtsabend ja doch schon alles verdorben und nichts mehr zu retten war.

Denn was ist noch zu retten, wenn man, wie Munk, von einer zügellosen und später nicht mehr begreiflichen Vorfreude erfüllt, den Vater im Nebenzimmer höhnisch sagen hört: Alle Jahre wieder, und, könnte auch einmal ausfallen, dieses blödsinnige Weihnachten, alle zwei Jahre wäre genug. Und was ist noch zu retten, wenn Eltern wie die des Anton nicht einmal an diesem Abend Frieden halten können, sondern sich die schlimmsten Vorwürfe machen und schließlich beieinander hocken, verbissen und stumm. Und was ist noch zu retten, wenn, wie in der Wohnung des kleinen Sepp, das Weihnachtszimmer voll fremder Leute sitzt, die Karten spielen und sich Witze erzählen, und nicht einmal die

Schienen kann man zusammenstecken, und der kleine schäbige Engel, den man geliebt hat, hängt auch nicht mehr am Baum. Da muß man doch einfach weglaufen und gar nichts mitnehmen als ein paar uralte Murmeln, und das taten die drei Jungen auch und gingen mit ihren Murmeln an einen Ort, den sie kannten, auf ein großes, noch unbebautes Grundstück am Rande der Stadt. Dort versuchten sie noch einmal, das Mädchen loszuwerden, indem sie es mit feuchten Erdbrocken bewarfen. Aber das Mädchen blieb trotzdem stehen, wiegte eine aus Stroh geflochtene Puppe und murmelte etwas, das wie Wurmsturmstirnstern, also völlig unsinnig klang.

Es war da draußen ziemlich dunkel, kein Schnee, warme Luft und leise Schritte überall, auch gegen den Park und die Schrebergärten hin, so, als seien viele Kinder an diesem Abend unterwegs. Die Jungen auf dem mit Gras überwachsenen und teilweise schon aufgegrabenen Grundstück fingen an zu spielen, sie spielten mit ihren ganz gewöhnlichen blaugrauen und braunen Murmeln, die sie von einem Grashügel in ein Loch laufen ließen, in dem ein wenig schwarzes Wasser stand.

Plötzlich lief eine Murmel den Hügel herunter, die anders aussah, als die übrigen, größer, glasklar, mit etwas Weißem mittendrin. Munk stürzte hin und holte sie heraus, das Weiße in der Mitte war ein winziges Lamm mit einem Fähnchen aus gelbem Metall. Dämlich, sagte Munk, ein Schaf mit einer Fahne, und der Sepp sagte nur, das ist das Lamm Gottes, und gab die Riesenmurmel dem großen Anton zurück. Der sah auf seine Uhr, legte den Kopf in den Nacken und sagte, Explorer 205, und schon sahen sie das leuchtende Pünktchen zwischen Wolkenfetzen hinziehen und fingen an, sich darüber zu streiten, zum wievielten Male der kleine Satellit die Erde umkreiste. Das Mädchen klatschte in die Hände und rief: gehtaufgehtuntergehtabgehtschief, bis ihm die Buben mit Prügeln drohten. Ein paar Tropfen fielen vom Himmel, und das Mädchen winkte, es schien sich hier auszukennen, es führte die Jungen zu einer halb verfallenen Bretterhütte, die als Geräteschuppen diente.

Der große Anton lief in die Hütte, steckte den Kopf zum Fenster heraus und schrie Muh, Muh, was die anderen nicht ruhen ließ, so daß sie nun alle mit Muh und Bäh und Iah einen gewaltigen Lärm vollführten.

Das Mädchen hatte sich in der Hütte auf einen Holzklotz gesetzt und wiegte da töricht lachend seine Strohpuppe, und der große Anton schlich hin, zog seine Stablaterne heraus und leuchtete ihm ins Gesicht. Da sagte der Sepp ganz ruhig, das waren die Tiere, jetzt kommen die Hirten, zog sich die Jacke wie eine Kapuze über den Kopf, ging zu dem Mädchen hinein und beugte vor ihm das Knie.

Du bist wohl verrückt, schrie der große Anton, und Munk dachte, verrückt, verrückt, und machte dem Sepp schon alles nach, weil er sich plötzlich an die Krippe erinnerte, die früher unter dem Weihnachtsbaum gestanden hatte, aber schon lange nicht mehr, weil den Eltern das Aufbauen zu mühsam geworden war. Der große Anton natürlich tat nichts dergleichen, er ließ noch einmal seinen Lichtstrahl wandern, nur manierlicher jetzt, so daß das Mädchen nicht mehr geblendet wurde und wieder sanft und ein wenig irre lächeln konnte. Aber dann knipste Anton seine Laterne mit einemmal aus und sagte streng, was soll der Quatsch.

Es ist die Weihnachtsgeschichte, sagte der Sepp und fing schon an, sie zu erzählen, aber nicht in dem alten Wortlaut, den er doch auswendig wissen mußte, sondern ganz anders, grausam und hart.

Da war die Heilige Nacht sehr dunkel und sehr kalt, der Joseph war ein hilfloser Alter, und die schwangere Maria war sehr verzagt. Der Stern funkelte höchst unheimlich, und der erste Schrei, den das Jesuskind tat, war ein Schrei der Angst. Die Hirten kamen aus bloßer Neugierde, und die drei Könige aus dem Morgenland saßen vor dem Stall und überlegten sich, warum sie eigentlich diese weite Reise gemacht hatten.

Aber dann, sagte der Sepp, schlug das Kind die Augen auf. Na und, fragte der große Anton und setzte sich auf die Schwelle der Hütte, und die beiden anderen Jungen setzten sich neben ihn, so daß sie nun da im Finsteren hockten wie die alten ratlosen Könige, nur daß kein Kind da war und kein besonderer Stern. Was war dann, fragte der große Anton noch einmal und nicht höhnisch, sondern so, als läge ihm etwas daran, eine Antwort zu bekommen.

Da war die Freude, sagte Munk, und da war die Liebe, sagte der Sepp. Wieso, warum, fragte der große Anton, und nun sollten sie erklären, was sie gesagt hatten, und konnten es nicht. Darum wurde es plötzlich ganz still vor der Hütte, nur daß drinnen das Mädchen die Worte aufgeschnappt hatte und sie vor sich hin plapperte. Freudeliebefreudeliebefreudeliebe, das war wieder zum Verrücktwerden und klang doch auch ganz schön, wie eine Glocke oder wie ein Gedicht.

Halt's Maul, schrien die Jungen alle zugleich, aber sie konnten nicht helfen, daß sie plötzlich guter Dinge waren und auf dem Hügel wie die Geißen herumsprangen. Und als das Mädchen jetzt erschrocken zu weinen anfing, wühlten sie in ihren Hosentaschen und förderten etwas zutage, das sie dem Mädchen zum Geschenk hinwarfen, der Sepp eine Rolle Bindfaden und der Munk eine Streichholzschachtel mit einem Sternbild darauf. Der große Anton zog sogar seine Riesenmurmel heraus, die mit dem Schäfchen, das seltsamerweise Lamm Gottes hieß. Da, sagte er unfreundlich. In diesem Augenblick aber fuhren alle Kinder zusammen, weil es jetzt zu läuten anfing, und zwar sehr heftig und von allen Türmen der Stadt.

Natürlich habe ich dieses Mitternachtsläuten auch gehört. Ich bin auch zusammengefahren, aber dann war ich ganz zufrieden, weil ich mir plötzlich einbildete, daß es diesen lauten, heftigen Glocken gelingen würde, die weggelaufenen Kinder heimzurufen in die Stadt.

Ich hatte da nämlich schon eine ganze Weile am Fenster gestanden und nach den drei Buben Ausschau gehalten, und vor etwa einer Viertelstunde waren die Eltern, alle drei Elternpaare, aus dem Haus gekommen, um dasselbe zu tun. Sie hatten sich dabei laut und aufgeregt unterhalten, und aus ihren Stimmen hatte Angst geklungen, aber keine Einsicht, weswegen es dann auch, als die Kinder bald nach dem letzten Glockenschlag auftauchten, ein großes Gezeter gab.

Die Jungen widersprachen nicht und heulten auch nicht. Freundlich lächelnd und so, als ginge sie das alles gar nichts an, standen sie unter der Laterne und gingen am Ende ganz folgsam mit ihren Eltern ins Haus. Ich sah ihnen nach, und obwohl ich doch damals noch gar nicht wissen konnte, wie sie diese Stunden verbracht hatten, taten sie mir nicht mehr leid.

Ich muß wohl damals schon geahnt haben, was ich seit gestern weiß, nämlich, daß die Kinder an jenem Abend ihr Weihnachten selbst gefunden hatten – das richtige, mit dem es nie zu Ende sein kann, weil Freude und Liebe immer neu geboren werden, solange es Menschen gibt.

Da stand das Kind am Wege

THEODOR STORM

Weihnachtsabend kam heran. – Es war noch nachmittags, als Reinhard mit anderen Studenten im Ratskeller am alten Eichentisch zusammensaß. Die Lampen an den Wänden waren angezündet, denn hier unten dämmerte es schon; aber die Gäste waren sparsam versammelt, die Kellner lehnten müßig an den Mauerpfeilern. In einem Winkel des Gewölbes saßen ein Geigenspieler und ein Zithermädchen mit seinen zigeunerhaften Zügen; sie hatten ihre Instrumente auf dem Schoße liegen und schienen teilnahmslos vor sich hinzusehen.

Am Studententische knallte ein Champagnerpfropfen. »Trinke, mein böhmisch Liebchen!« rief ein junger Mann von junkerhaftem Äußern, indem er ein volles Glas zu dem Mädchen hinüberreichte.

»Ich mag nicht«, sagte sie, ohne ihre Stellung zu verändern.

»So singe!« rief der Junker und warf ihr eine Silbermünze in den Schoß. Das Mädchen strich sich langsam mit den Fingern durch ihr schwarzes Haar, während der Geigenspieler ihr ins Ohr flüsterte; aber sie warf den Kopf zurück und stützte das Kinn auf ihre Zither. »Für den spiel' ich nicht«, sagte sie.

Reinhard sprang mit dem Glas in der Hand auf und stellte sich vor sie.

»Was willst du?« fragte sie trotzig.

»Deine Augen sehen.«

»Was gehen dich meine Augen an?«

Reinhard sah funkelnd auf sie nieder. »Ich weiß wohl, sie sind falsch!« – Sie legte ihre Wange in die flache Hand und sah ihn lauernd an. Reinhard hob sein Glas an den Mund.

»Auf deine schönen, sündhaften Augen!« sagte er und trank.

Sie lachte und warf den Kopf herum. »Gib!« sagte sie, und indem sie ihre schwarzen Augen in die seinen heftete, trank sie langsam den Rest. Dann griff sie einen Dreiklang und sang mit tiefer, leidenschaftlicher Stimme:

»Heute, nur heute
Bin ich so schön;
Morgen, ach morgen
Muß alles vergehn!
Nur diese Stunde
Bist du noch mein;
Sterben, ach sterben
Soll ich allein.«

Während der Geigenspieler in raschem Tempo das Nachspiel einsetzte, gesellte sich ein neuer Ankömmling zu der Gruppe.

»Ich wollte dich abholen, Reinhard«, sagte er. »Du warst schon fort; aber das Christkind war bei dir eingekehrt.«

»Das Christkind?« sagte Reinhard, »das kommt nicht mehr zu mir.«

»Ei was! Dein ganzes Zimmer roch nach Tannenbaum und braunen Kuchen.«

Reinhard setzte das Glas aus der Hand und griff nach seiner Mütze.

»Was willst du?« fragte das Mädchen.

»Ich komme schon wieder.«

Sie runzelte die Stirn. »Bleib!« rief sie leise und sah ihn vertraulich an.

Reinhard zögerte. »Ich kann nicht«, sagte er.

Sie stieß ihn lachend mit der Fußspitze. »Geh!« sagte sie. »Du taugst nichts; ihr taugt alle miteinander nichts.« Und während sie sich abwandte, stieg Reinhard langsam die Kellertreppe hinauf.

Draußen auf der Straße war es tiefe Dämmerung; er fühlte die frische Winterluft an seiner heißen Stirn. Hier und da fiel der helle Schein eines brennenden Tannenbaums aus den Fenstern, dann und wann hörte man von drinnen das Geräusch von kleinen Pfeifen und Blechtrompeten und dazwischen jubelnde Kinderstimmen. Scharen von Bettelkindern gingen von Haus zu Haus oder stiegen auf die Treppengeländer und suchten durch die Fenster einen Blick in die versagte Herrlichkeit zu gewinnen. Mitunter wurde auch eine Tür plötzlich aufgerissen, und scheltende Stimmen trieben einen ganzen Schwarm solcher kleinen Gäste aus dem hellen Hause auf die dunkle Gasse hinaus; anderswo wurde auf dem Hausflur ein altes Weihnachtslied gesungen; es waren klare Mädchenstimmen darunter. Reinhard hörte sie nicht, er ging rasch an allem vorüber, aus einer Straße in die andere. Als er an seine Wohnung gekommen, war es fast völlig dunkel geworden; er stolperte die Treppe hinauf und trat in seine Stube. Ein süßer Duft schlug ihm entgegen; das heimelte ihn an, das roch wie zu Hause der Mutter Weihnachtsstube. Mit zitternder Hand zündete er sein Licht an; da lag ein mächtiges Paket auf dem Tisch, und als er es öffnete, fielen die wohl bekannten braunen Festkuchen heraus; auf einigen waren die Anfangsbuchstaben seines Namens in Zucker ausgestreut; das konnte niemand anders als Elisabeth getan haben. Dann kam ein Päckchen mit feiner gestickter Wäsche zum Vorschein, Tücher und Manschetten, zuletzt Briefe von der Mutter und von Elisabeth. Reinhard öffnete zuerst den letzteren; Elisabeth schrieb:

»Die schönen Zuckerbuchstaben können Dir wohl erzählen, wer bei den Kuchen mitgeholfen hat; dieselbe Person hat die Manschetten für Dich gestickt. Bei uns wird es nun Weihnachtsabend sehr still werden; meine Mutter stellt immer schon um halb zehn ihr Spinnrad in die Ecke; es ist gar so einsam diesen Winter, wo Du nicht hier bist. Nun ist auch vorigen Sonntag der Hänfling gestorben, den Du mir geschenkt hattest; ich habe sehr geweint, aber ich hab' ihn doch immer gut gewartet. Der sang sonst immer nachmittags, wenn die Sonne auf seinen Bauer schien; Du weißt, die Mutter hing oft ein Tuch über, um ihn zu geschweigen, wenn er so recht aus Kräften sang. Da ist es nun noch stiller in der Kammer, nur daß Dein alter Freund Erich uns jetzt mitunter besucht. Du sagtest einmal, er sähe seinem braunen Überrock ähnlich. Daran muß ich nun immer denken, wenn er zur Tür hereinkommt, und es ist gar zu komisch; sag' es aber nicht zur Mutter, sie wird dann leicht verdrießlich. – Rat, was ich Deiner Mutter zu Weihnachten schenke! Du rätst es nicht? Mich selber! Der Erich zeichnet mich in schwarzer Kreide; ich habe ihm schon dreimal sitzen müssen, jedesmal eine ganze Stunde. Es war mir recht zuwider, daß der fremde Mensch mein Gesicht so auswendig lernte. Ich wollte auch nicht, aber die Mutter redete mir zu; sie sagte: es würde der guten Frau Werner eine gar große Freude machen.

Aber Du hältst nicht Wort, Reinhard. Du hast keine Märchen geschickt. Ich habe Dich oft bei Deiner Mutter verklagt; sie sagt dann immer, Du habest jetzt mehr zu tun als solche Kindereien. Ich glaub' es aber nicht; es ist wohl anders.«

Nun las Reinhard auch den Brief seiner Mutter, und als er beide Briefe gelesen und langsam wieder zusammengefaltet und weggelegt hatte, überfiel ihn unerbittliches Heimweh. Er ging eine Zeitlang in seinem Zimmer auf und nieder; er sprach leise und dann halb verständlich zu sich selbst:

Er wäre fast verirrt
Und wußte nicht hinaus;
Da stand das Kind am Wege
Und winkte ihm nach Haus!

Dann trat er an sein Pult, nahm einiges Geld heraus und ging wieder auf die Straße hinab. – Hier war es mittlerweile stiller geworden; die Weihnachtsbäume waren ausgebrannt, die Umzüge der Kinder hatten aufgehört. Der Wind fegte durch die einsamen Straßen; Alte und Junge saßen in ihren Häusern familienweise zusammen; der zweite Abschnitt des Weihnachtsabends hatte begonnen. –

Als Reinhard in die Nähe des Ratskellers kam, hörte er aus der Tiefe herauf Geigenstrich und den Gesang des Zithermädchens; nun klingelte unten die Kellertür, und eine dunkle Gestalt schwankte die breite, matt erleuchtete Treppe herauf. Reinhard trat in den Häuserschatten und ging dann rasch vorüber. Nach einer Weile erreichte er den erleuchteten Laden eines Juweliers; und nachdem er hier ein kleines Kreuz von roten Korallen eingehandelt hatte, ging er auf demselben Wege, den er gekommen war, wieder zurück.

Nicht weit von seiner Wohnung bemerkte er ein kleines, in klägliche Lumpen gehülltes Mädchen an einer hohen Haustür stehen, in vergeblicher Bemühung, sie zu öffnen. »Soll ich dir helfen?« sagte er. Das Kind erwiderte nichts, ließ aber die schwere Türklinke fahren. Reinhard hatte schon die Tür geöffnet. »Nein«, sagte er, »sie könnten dich hinausjagen; komm mit mir! Ich will dir Weihnachtskuchen geben.« Dann machte er die Tür wieder zu und faßte das kleine Mädchen an der Hand, das stillschweigend mit ihm in seine Wohnung ging.

Er hatte das Licht beim Weggehen brennen lassen. »Hier hast du Kuchen«, sagte er und gab ihr die Hälfte seines ganzen Schatzes in ihre Schürze, nur keine mit den Zuckerbuchstaben. »Nun geh nach Hause und gib deiner Mutter auch davon.« Das Kind sah mit einem scheuen Blick zu ihm hinauf; es schien solcher Freundlichkeit ungewohnt und nichts darauf erwidern zu können. Reinhard machte die Tür auf und leuchtete ihr, und nun flog die Kleine wie ein Vogel mit ihren Kuchen die Treppe hinab und zum Hause hinaus.

Reinhard schürte das Feuer in seinem Ofen an und stellte das bestaubte Tintenfaß auf seinen Tisch; dann setzte er sich hin und schrieb, und schrieb die ganze Nacht Briefe an seine Mutter, an Elisabeth. Der Rest der Weihnachtskuchen lag unberührt neben ihm; aber die Manschetten von Elisabeth hatte er angeknüpft, was sich gar wunderlich zu seinem weißen Flauschrock ausnahm. So saß er noch, als die Wintersonne auf die gefrorenen Fensterscheiben fiel und ihm gegenüber im Spiegel ein blasses, ernstes Antlitz zeigte.

Eine Weihnachtserinnerung,
die ich nicht vergaß

KARL KROLOW

Denke ich an Weihnachten in den Jahren meiner Kindheit, so
verbinde ich solche Erinnerung mit der Erinnerung an Landschaft. Fast immer haben Augenblicke in mich umgebender nie-
derdeutscher Landschaft die Weihnachtszeit mit beeinflußt.
Meine Eltern, besonders mein Vater, erzogen mich früh zu der-
artigem natürlichen Verhältnis in meiner keineswegs ländlichen
Umwelt, denn ich wuchs am Rande einer Großstadt auf. Das un-
regelmäßige und eigentlich unschöne Terrain, das begann, wo die
letzten Neubauten aufhörten und sich saure Wiesen hinzogen,
Gärtnereien und die Anwesen einiger Gemüsebauern, Schreber-
gärtensiedlungen, ehe das erste Waldstück sichtbar wurde, ehe
der wichtige Wald meiner jungen Jahre, der hannoversche Stadt-
wald, die Eilenriede, begann. Diese Eilenriede, die sich halbkreis-
förmig um die Stadt zog, war damals noch ein richtiger Forst
oder gab mir doch als Buben diese Illusion, wenn man vom Felde
her auf sie zukam. Dann war das Wald-Massiv, die Mischwald-
Fläche – besonders bei unsichtigem Wetter – etwas mich mächtig
Anziehendes, eine dunkle Wildnis.

Ich kannte den Wald zu jeder Jahreszeit. Im Grunde war die
Entfernung zwischen meinem Elternhaus und ihm gering, vielleicht zwanzig Minuten weit, und nur die dazwischen liegenden,
verstreuten Gehöfte, das von Geometern bereits abgemessene
Gebiet zwischen ausfallender und dann jäh im Feldstück enden-
der städtischer Straße, zwischen dem Ende der Wohnstraße und
dem eigentlichen Wiesengrün und Ackerbraun, unterbrach die

Vorstellung, daß der Wald eigentlich recht schnell erreichbar sein müsse. Das beiläufige und durch die Witterung so oft trist verhängte Übergangsgebiet, in dem ich mich bewegte, und in dem ich mich rasch auskannte als einem idealen Spielgelände, machte den großen Flächenwald dann für mich um so begehrenswerter, in dessen Randbezirken wir Kinder unsere persönlichen Verstecke anlegten, die wir nie verrieten und schon gar nicht mit jemandem teilen würden, Zuflucten im dichten, grünen Unterholz, in das wir uns mit unserer Phantasie zurückzogen.

Im Eilenriedewald floß in seinem Südteil, entlang der nach Hildesheim führenden Bahnlinie, ein Rinnsal, ein verkrauteter Wassergraben, der an einer bestimmten Stelle seines Verlaufes unter einer Waldchaussee weitergeführt wurde. Der massiv gemauerte Eingang zu dieser Unterführung, bogenartig angelegt, glich dem Eingang zu einer Art Wald-Unterwelt, zu einem grünen, dichten Hades. Wie hier das träge Wasser verschwand, um erst sehr viel später an einer von hier aus nicht einzusehenden Stelle wieder ans Licht zu treten, das war für uns Kinder immer mit einem Gefühl der Ungewißheit, des Bangens, der Beklemmung und der Neugier betrachtet worden. Im Winter fror die winzie Wasserfläche vor der Unterführung schnell zu. Man konnte auf ihr dann ein paar Schritte tun, wagte sich allerdings niemals fort ins Dunkle der unterirdischen Weiterführung. Ich muß noch ein sehr kleiner Junge gewesen sein, als mir mein Vater in der Vorweihnachtszeit, als wir wieder einmal gemeinsam diesen Ort passierten, vom Eingang zur Höhle des Knechts Ruprecht zu erzählen begann, sicherlich ganz beiläufig, wie es seine Art war und wie man einem Buben meines damaligen Alters vielleicht Landschaft spannend, abenteuerlich machen kann. Ruprechts Reich, das mir der Vater als ein Schatzversteck mit allen den Gaben, die er zu Weihnachten dann den Kindern unter den Christbaum legen würde, zu schildern verstanden hatte, ließ mich zunächst vermutlich nichts als nachdenklich werden. Dieser Höhleneingang – gerade an solcher Stelle – schien mir unbedingt glaubwürdig. Man mußte sich hier unterirdisch wunderbar verstecken können, um dann im tiefen Höhleninneren ein ganzes Schatzlager anzulegen. Auf dieses Lager aber hatte ich es abgesehen. Die Vorstellung von den verborgenen Sachen ließ mich ganz offenbar nicht los. Weihnachten, das in jedem Jahr ungeduldig erwartete Fest, rückte näher mit dem unberechenbaren Dezember, unberechenbar mit dem Auf und Ab der niederdeutschen Witterung, die zwischen nassem, flüchtigem Schnee und Nebel- oder Regenwetter schwankte, bei ständig gehendem Wind, der aus der Ebene fegte und nirgends Widerstand fand.

Plötzlich gab es einen frühen Wintereinfall mit Frost und lange niedergehendem Schnee, einige Tage vor dem Fest. Die Schnee-Einsamkeit des Eilenriedewaldes, durch die mich mein Vater nun mit dem Schlitten zog, war überwältigend. Ein richtiger Märchenwald war entstanden, in dem der Schnee von den Ästen in die Augen stäubte, nachdem es sich endlich ausgeschneit hatte und alles in seiner weißen Pracht dalag. Wir kamen sicherlich auch an jenen Waldfleck, wo Ruprechts Höhle lag. Ich erinnere mich dessen nicht mehr genau. Genau dagegen weiß ich, daß es für mich – ausgerechnet am Vormittag des Heiligen Abends – kein Halten mehr gab. Meine Erwartungen waren wie meine Ungeduld auf das Höchste gespannt. Ich hatte Ruprechts Höhle nicht vergessen können, die jetzt sicherlich, mit dem vereisten Wasserloch davor, halb zugeschneit war, die vor allem auch für ein gewöhnliches Menschenkind, für mich, erreichbar, passierbar sein mußte, nachdem das Grabenwasser wohl bis auf den Grund gefroren war. Auf einmal war ich auf dem Wege zu Ruprechts Reich, mit dem Schlitten, den ich hinter mir herzog, in einem günstigen Augenblick Haus, Straße und Spielgefährten verlassend. Die Neugier, das Abenteuer, meine Phantasie hatten mich überwältigt. An diesem kalten Wintervormittag, der schon fast Mittag war, war ich unversehens unterwegs, allein, wie es sich gehört, denn ich wollte das Geheimnis für mich allein haben. Ich wollte niemanden dabei haben, bei meiner Entdeckung. Ich war unerschrocken genug, nach all dem, was ich mir erhoffte, um das Wagnis allein auf mich zu nehmen. Ich weiß die Einzelheiten dieses Hinweges, des Hingezogenwerdens nicht mehr. Auf einmal fand ich mich jedenfalls an jener Waldstelle mit vereistem Krautgraben und an dieser Stelle merkwürdig dünner Schneedecke.

Hier angekommen, muß sich bei mir einiges verändert haben. Das Zeitgefühl muß ausgesetzt haben. Habe ich gezögert? – Habe ich – mit dem im Gebüsch schließlich abgestellten Schlitten – den Höhleneingang, nun doch vielleicht furchtsam geworden, immer langsamer und doch zugleich immer geduldiger, erwartungsvoller umkreist und eingekreist? Bin ich dabei allmählich ermüdet, ohne es zunächst zu merken, ohne es danach wahrhaben zu wollen? Meine Eltern haben mir später zuweilen erzählt, wie der Heilige Abend oder doch die Stunden vor diesem Abend verliefen: in quälender Unruhe, in Sorge um meinen Verbleib. Mein Verschwinden war bald bemerkt worden. Und als ich noch nicht heimgekommen war, als mein Vater vom Dienst und einem anschließenden Zusammensein mit Kollegen nach Hause zurückkehrte, war die Aufregung groß. Etwas mußte geschehen. Die Zeit verstrich. Niemand wußte genau, wie lange ich fort war, weil ich – wie gesagt – mich unbeobachtet fortgestohlen hatte. Die Eltern überlegten ratlos, wohin ich mich gewendet haben könnte. Sie fragten die Spielkameraden aus. Niemand konnte Auskunft geben. Ich hatte niemanden eingeweiht, weil ich niemanden hatte bei mir haben wollen. Ich wollte allein das Abenteuer meiner Erwartungen, meiner kindlichen Weihnachtsneugier bestehen und hatte es inzwischen bekommen: Abenteuer des Alleinseins im eis-kalten, einsamen Winterwald, bei allmählich, dann immer rascher sinkendem Tageslicht.

Was von diesen Heiligabend-Stunden im verschneiten Wald vor der Weihnachts-Höhle des Knechtes Ruprecht sich in meinem Gedächtnis erhalten hat, sind verwischte Kleinigkeiten: die Erin-nerung an eine knisternde Schneestille, an vom Wind seufzendes Geäst, an eine kalte, von mir, meinen Gliedern, meinem Körper-gefühl langsam Besitz ergreifende Einsamkeit, ein Abgeschnitten-sein, ein Leben in einem Zwischenbereich, mit aufkommender, dann wieder niedergekämpfter Angst, von Isolation und Fortsein von allem, von Mutlosigkeit, von einer merkwürdigen Verloren-heit und einem ebenso merkwürdigen Entzücken, während es um mich zu dämmern begann. Ich blieb gebannt. Ich konnte den ver-lorenen Waldort nicht aufgeben. Ich war unschlüssig. Ich wußte nicht weiter, vermutlich. Ich hatte das Wagnis nicht bestanden, war nicht in die Höhle eingedrungen, sondern hatte sie immer nur angestarrt, hatte vor ihr und ihrem Dunkel haltgemacht und hatte vergessen, was vorher war und was nachher kam.

Auf einmal sah ich mich in meiner Verlassenheit meinem Vater gegenüber. Er hatte sich mit einem Freund auf die Suche gemacht, hatte sich daran erinnert, was er mir von Knecht Rup-rechts Versteck verheißen hatte, und hatte dann schnell geahnt, daß ich nur in oder vor ihm aufzufinden sein müßte. Die beiden jungen Männer waren verlegen und froh, als sie mich sahen. Mein Vater hatte mich richtig eingeschätzt. Er hatte nicht die Poli-zei verständigen müssen. Und nun mußte er mich aus einem Traum hochreißen, den ich nur halb und ganz unvollkommen zu träumen begonnen hatte, an diesem Tag, den man den Heiligen Abend nennt: ein Traum, auf den ich später nicht habe zurückzu-kommen brauchen. Ein Traum, auf den man niemals zurückkom-men wird, weil er nicht wiederholbar ist.

Karl Krolow

Nach Mutters Rezept

Dezember 1856

THEODOR STORM AN SEINE ELTERN

Es wird Weihnachten! Mein ganzes Haus riecht schon nach braunem Kuchen − versteht sich nach Mutters Rezept − und ich sitze sozusagen schon seit einer Woche im Scheine des Tannenbaums. Ja, wie ich den Nagel meines Daumens besehe, so ist auch der schon halbwegs vergoldet. Denn ich arbeite jetzt abends nur in Schaumgold, Knittergold und bunten Bonbonpapieren; und während ich Netze schneide und Tannen- und Fichtenäpfel vergolde, und die Frauen, d. h. meine Frau und Röschen, Lisbeths Puppe ausputzen, liest Onkel Otto uns die »Klausenburg« von Tieck vor, oder gibt hin und wieder eine Probe aus den Bilderbüchern, die Hans und Ernst auf den Teller gelegt werden sollen.

Gestern abend habe ich sogar Mandeln und Zitronat für die Weihnachtskuchen schneiden helfen, auch Kardamom dazu gestoßen und Hirschhornsalz. Den Vormittag war ich stundenlang auf den Bergen in den Wäldern herumgeklettert, um die Tannenäpfel zu suchen. Ja, ihr hättet mich sogar in meinem dicken Winterüberrock hoch oben in einer Tannenspitze sehen können.

Freilich hatte ich mich vorher gehörig umgesehen; denn der Herr Kreisrichter durfte sich doch nicht auf ganz offenbarem Waldfrevel ertappen lassen.

Jeden Morgen, die letzten Tage, kommt der Postbote und bringt ein Päckchen oder einen Brief aus der Heimat oder aus der Fremde von Freunden. Die Weihnachtszeit ist doch noch grade so schön, wie sie in meinen Kinderjahren war. Wenn nur noch der

Schnee kommen wollte, wir wohnen hier so schön einsam zwischen den Bergen, da müßte der Weihnachtsbaum, wenn er erst brennt, prächtig in die Winterlandschaft hinausleuchten ...

Theodor Storm

Selige Zeit

ERNST WIECHERT

Doch darf ich nicht an dem vorübergehen, was die Krone aller Feste und Spiele war, worin des Jahres Anfang und Ende sich zusammenzog und was über allen zweiundfünfzig Wochen wie ein sich langsam hebender Stern der Verheißung stand: das Weihnachtsfest.

Wenn ich es recht bedenke, begann es für mich im Frühjahr, wenn ich auf meinen Waldwegen nach dem nächsten Weihnachtsbaum Umschau zu halten begann. Und glaubte ich ihn dann gefunden zu haben, manchmal früh, manchmal spät im Jahr – denn die alten Waldleute pflegten zu sagen, einen richtigen Weihnachtsbaum zu finden, sei mindestens ebenso schwer, wie die richtige Frau zu finden – so konnte ich ein paarmal in der Woche vor ihm sitzen, der noch durch nichts über seine Umgebung erhoben war, und mir vorstellen, wie ich ihn auf den Rücken heimtragen und wie das Fest unter seinen Zweigen sein würde. Auch tat es diesem schönen Amt keinen Abbruch, als einmal am Heiligen Abend, als ich mit der Axt über der Schulter ihn holen kam, ein Wildschwein von nicht geringer Majestät sich unter seinen Zweigen erhob und zornig schnaufend aus dem gestörten Lager sich davonmachte. Vielmehr habe ich diesen Baum in einer besonders schönen Erinnerung, und ich weiß, daß ich mich nicht ohne Scheu umblickte, ob nicht vielleicht das Dach eines Stalles durch den verschneiten Wald zu sehen wäre und das Licht über der Krippe, das allen Tieren des Waldes eine Freistatt verheißen sollte.

Je tiefer ich zurückzugehen versuchte in das Land der verfließenden kindlichen Erinnerung, desto mehr scheint mir, als ob nicht das erste Weihnachtslicht es sei, das sich aus dem Dunkel der heiligen Nächte vor meinen Augen aufhebt, sondern als sei vielmehr die erste Erinnerung an den Glockenton gebunden, der an jedem Adventssonntag und in der letzten Adventswoche an jedem Abend »vom Himmel hoch« bis an die Fenster unserer Wohnstube kam. Die Knechte, die wir während meiner Kinderzeit hatten, mögen in ihrer Tüchtigkeit und Zuverlässigkeit verschieden gewesen sein, aber in einer Hinsicht war ihre Fertigkeit gleicher Bewunderung würdig: in der Kunst, den Klang der Schlittenglocke von der Stalltür bis zum Fenster so allmählich anschwellen zu lassen, daß auch der verstockteste Heide auf die Knie gezwungen worden wäre, weil eben kein Zweifel daran sein konnte, daß dieser Glockenton aus dem Himmel herabgestiegen kam, von Schneeflocken umweht, vom Winde leise vertrieben, bis das Metall sich draußen auf das Fensterbrett legte und nun das Schweigen eintrat, das nur über zwei gefalteten Engelsschwingen wohnen konnte.

Ich kann nicht glauben, daß die »Hirten auf dem Felde« überwältigter gewesen sind von Licht und Chor der himmlischen Heerscharen, als ich es damals war. Voller Ernst und Spannung wandten die Gesichter der Großen sich uns zu, indes wir die Hände falteten und nacheinander die Gebete sprachen, die man uns gelehrt hatte, wobei das Herz uns im Halse schlug und unsre Augen auf das verhängte Fenster gerichtet waren, hinter dem doch kein Schatten verriet, ob ein Engel oder Gottvater selbst davor stand. Und dann kam die dunkle fremde Stimme von jenseits der Sterne: »Sind's art'ge Kind? Sind's böse Kind?« Und die klare, tapfere Antwort unserer Mutter: »Sind art'ge Kind!« Dann hob die Glocke sich auf, immer höher, leiser und ferner, bis sie verstummte und das Blut wieder zum Herzen strömte.

Eine Weile später führte die Mutter uns in die Vorderstube, wo auf der Ecke des Tisches eine Pfeffernuß für jeden von uns lag. Nur ein einziges Mal, wenn ich mich recht erinnere, lag ein Stock statt der Kuchen da, und wiewohl das sicherlich seinen zureichenden Grund gehabt hat, so ist mir nicht ein tiefes Schuldgefühl mit dieser Erinnerung verknüpft, sondern ein fassungsloses Erstaunen, daß dieser Stock schwarz und glänzend von Ruß und Fett war.

Trat also mit diesem Glockenton die jenseitige Welt bis an die Schwelle unseres Hauses und Lebens, so hatten wir in der diesseitigen doch das unsrige zu tun, um ihr auch würdig und feierlich zu begegnen. Das Landleben war ja damals noch auf eine altertümliche Weise an den Gang des Jahres und der Feste angeschlossen, und die Zurüstung zu den heiligen Nächten mochte bei uns nicht viel anders gewesen sein als auf einem Bauernhof Schwedens oder Norwegens, weil die Bedürfnisse, die Frömmigkeit und der Aberglaube der nordischen Seele sich überall auf die gleiche Weise bewahrt hatten. Und wenn auch die wirtschaftliche Seite, das heißt das Schweineschlachten, mir auf eine unpassende Art in diesen Kreislauf eingeschlossen schien, so war mein Reich doch unter dem milden Licht der Hängelampe, und dort entstanden unter unseren Händen alle die Zauberwerke, die dieser verzauberten Zeit vorbehalten waren: Ketten aus rotem und blauem Glanzpapier, versilberte und vergoldete Nüsse und Äpfel und bronzierte Tannenzapfen. Auch mußte heimlich angefertigt werden, was wir selbst auf den Gabentisch zu legen hatten, und dann wurde unter Leitung des letzten der Mohikaner unsre Oberstube mit dem grünen Kachelofen und dem Duft der Bratäpfel ein Paradies, in dem wir nicht viel anders schalteten und walteten als Gottvater zu seiner Zeit, wenn er Tiere und Vögel bunt und fröhlich anmalte, um die frohe Erde damit zu erfüllen. So hatte das Allerheiligste dieses Festes den schönen Vorzug, daß vor ihm eine Reihe von »Vorhöfen« lagen, in denen das letzte bereits zu ahnen war, und nicht der geringste von ihnen war die Stätte der Weihnachtsbäckerei, die vom Reiben der Mandeln bis zur Herstellung des

Marzipangusses alle Künste erforderte, derer wir fähig waren, und bei der nicht etwa das Recht auf Abfälle und Reste das Beseligende war, sondern die schöne Feierlichkeit alter Gebräuche und Rezepte, die Eintracht, der Friede, das stille Geborgensein im tief verschneiten Haus und in der Liebe der Eltern, die um diese Zeit ja von besonderer Innigkeit war.

Und gingen bei aller Tätigkeit die Tage auch mit erschreckender Langsamkeit dahin, so kam doch einmal der Morgen, an dem der Baum hereingeholt und in seinen Fuß gestellt wurde, worauf er in der Vorderstube verschwand und damit das Haus und das Leben in zwei Hälften zerfielen, eine irdische und eine himmlische. Früher als sonst wurde die Wirtschaft »beschickt«, wie man bei uns sagte, und während wir beim Licht der Stallaterne auf der Futterkiste saßen, indes die Pferde gefüttert und die Kühe gemolken wurden; während die großen Schatten der Tiere an den Wänden auf- und niederglitten, die Ketten sich leise rührten und aus den Wäldern der Ruf der Eulen über die verschneite Erde ging, hörten wir den Geschichten des Knechtes und des Mädchens zu, biblischen, weltlichen und jenseitigen Geschichten, mit der Gläubigkeit einfacher Seelen erzählt, und Haus und Stall erschienen unsren erschauernden Herzen als der stille, verschollene Mittelpunkt aller Welt, umgeben von himmlischen Heerscharen, überstrahlt vom Stern von Bethlehem, und wir selbst auf eine unverlierbare Weise eingebettet in eine göttliche Vaterhand, aus der uns kein Leben und kein Tod jemals würden vertreiben können.

Unendliche Stunden am Ofenfeuer der Wohnstube, indes nebenan hinter der verschlossenen Tür Schritte und Stimmen heimlich gehen, Papiere rascheln und ab und zu ein Ton leise aufklingt, als habe man eine Geige berührt oder ein geheimnisvolles Instrument, von den Engeln bis in unsre Wälder gebracht. Bis doch einmal die Tür sich öffnet und in unsre fassungslosen Augen und Herzen das Allerheiligste überwältigend sich stürzt.

Was gab es auf dem kleinen Gabentisch, was ich noch besitzen möchte? Einen Taubenschlag, anderthalb Spannen hoch, und wenn man eine Kurbel dreht, ertönt eine ganz zarte, leise und verstimmte Melodie. Einen Leierkasten an einem breiten grünen Band, und wenn man den Deckel öffnet, sieht man die Walzen mit glänzenden Stiften sich langsam gegeneinander drehen. Ein paar Schlittschuhe für uns drei Brüder zusammen, eine Kegelbahn und eine Kanone. Ein Buch vom Schmied von Ruhla und vom Rattenfänger von Hameln. Holztiere mit steifen Beinen und herrliche Bäume, die man hinstellen kann, wo man will, und die so grün sind, daß sie sicherlich nicht von dieser Welt stammen.

Täuscht mich die Erinnerung oder liegt ein ganz kleiner Schmerz neben allen diesen Freuden? Und ist es nicht deshalb, weil meine Mutter leise weint unter dem brennenden Baum? Zuerst ist es der gestorbene Bruder, den sie nie vergißt, und dann ist es wohl ein leiser Gram um manches, was im Jahr gewesen ist, und um manches, das sich nicht erfüllt hat und von dem sie weiß, daß es sich nie erfüllen wird. Und dann ist es wohl die Ahnung, daß der Tod früher für sie kommen wird als für uns andere und daß sie gehen wird, ohne zu wissen, was aus uns werden wird und ob wir auch nie vergessen werden, daß Gott durch alle Wände sieht.

Aber für ein Kind ist das ein kleiner Schmerz, denn wenn die Träne vorbei ist, glaubt es, daß alles andere vorbei sei. Und niemals kann dieser Abend aufhören, weil es ihn noch in seine Träume mitnimmt, die Hände um die kostbarsten Geschenke gefaltet und jedes Erwachen versichert es der Seligkeit des Gestern und des Morgen.

Der Weihnachtswolf

WILLI FÄHRMANN

Bruno und Paul stammten beide aus Ostpreußen. Sie erzählten gern aus ihren Kindertagen. Eine ihrer schönsten Geschichten war eine merkwürdige Weihnachtsgeschichte.

»Schnee hat bei uns im Winter immer gelegen«, sagte Paul. »Manchmal über einen Meter hoch.«

»Und strenger Frost«, fügte Bruno hinzu, »und das Wolfsgeheul aus den nahen Wäldern tönte herüber. In der Nacht sind dann alle zur Christmette gegangen. Dicke Schafspelze haben wir angezogen und Fellmützen bis über die Ohren gestreift. Wir konnten ja zu Fuß zur Kirche laufen. Aber die Leute von den Gehöften weiter weg vom Dorf, die sind mit den Schlitten gekommen und das Klingeln der Silberglöckchen an den Pferdegeschirren hat sich mit dem Geläut der Kirchenglocken gemischt.«

»Weißt du eigentlich, Bruno«, fragte Paul, »dass der Kleinknecht von Rogalka mal einen jungen Wolf mit in die Mette gebracht haben soll?«

»Ich habe wohl davon bei den Rogalkas gehört, aber was Genaues weiß ich nicht.«

»Das muss so gewesen sein«, begann Paul. »Es war in dem Jahr, als die Russen im Herbst 1914 nach Ostpreußen eingedrungen waren. Wir mussten Hals über Kopf fliehen. Hindenburg hat sie ja dann bald wieder hinausgetrieben.«

»Hat Hindenburg das allein gemacht?«, fragte Bruno spöttisch, aber Paul ging nicht darauf ein.

»In vielen Orten ringsum war alles ausgeplündert und verwüstet worden. Auch in Liebenberg hatten sie gehaust und nicht nur die Russen, auch die Deutschen haben genommen, was ihnen gefiel. Ist wohl das Recht des Krieges. Aber bis zum Winter hatten wir alles einigermaßen wieder hergerichtet. Merkwürdig war nur, dass die Wölfe aus Russisch-Polen schon sehr früh zu uns herüberkamen, und ungewöhnlich viele waren es auch. So manches Tier wurde abgeschossen, aber auf einen erlegten Wolf schienen drei neue zu kommen. In der Heiligen Nacht war nun eine Menge Neuschnee gefallen. Deshalb brach der Kleinknecht Georg Zatryb schon gegen zehn Uhr auf, auch weil auf dem Schlitten der Rogalkas kein Platz für ihn war. Nun liegt der Hof nur knapp eine Stunde vom Dorf entfernt. Aber Georg wollte einen Umweg machen und am knabigschen Gut vorbei. Er hatte ein Auge auf die Magd Gertrud Wawra geworfen und hoffte, sie würde mit ihm zur Kirche gehen. Aber die kicherte und sagte: ›Wir haben Pferde und Fahrzeuge genug. Für uns Leute vom Gut ist reichlich Platz auf dem Schlitten. Was soll ich laufen, wenn ich fahren kann?‹

Auch die anderen Mägde lachten über den Kleinknecht.

Eine rief ihm nach: ›Keine Sorge, Zatryb, die Liebesflamme hält dich warm.‹ Also ging er allein weiter und verfluchte alle Weiber und die Gertrud Wawra ganz besonders. Obwohl er reichlich Zeit hatte, wollte er den Weg abkürzen und quer durch den Wald. ›Kannst ja eine Rast einlegen, Georgche‹, sagte er sich. ›Bis zur Mette ist noch Zeit. Musst nur gut aufpassen, dass du nicht einschläfst. Pirunje, ist schon so mancher bei solcher Kälte in Schlaf gesunken und nie mehr aufgewacht.‹

Nicht mehr weit vom Dorf entfernt, kroch er unter eine große Fichte, deren Äste bis auf den Boden herabhingen. Darunter fand er ein schneefreies, trockenes Plätzchen, setzte sich nieder, schlug den Kragen seines Schafspelzes hoch und lehnte sich mit dem Rücken gegen den Fichtenstamm. Traurig dachte er an die Gertrud Wawra, die ihm so schnöde einen Korb gegeben hatte. Immer noch klang ihm ihr hämisches Lachen in den Ohren. Ehe er sich versah, war er eingenickt. Kein Wunder auch, wenn man seit sieben Uhr auf den Beinen war und die Traurigkeit einem den Kopf schwer machte. Er wäre mit Sicherheit erfroren, wenn da nicht... Na ja, man sagt, solch ein Tod kommt auf Samtpfoten. Irgendwann, vielleicht erst, wenn die Fichte gefällt worden wäre, hätte man sein Gerippe im zerfledderten Schafspelz gefunden. Die Gertrud Wawra, sicher längst mit einem anderen verheiratet, hätte sich möglicherweise ein Tränchen zerdrückt und die Stunde verwünscht, in der sie ihn hatte ziehen lassen. Aber es kam anders. Georg schreckte plötzlich auf. Zuerst dachte er, er sehe ein Gespenst, und wurde steif vor Entsetzen. Doch dann erkannte er, dass dicht vor ihm eine Wölfin stand. Die blies ihm den stinkigen Atem ins Gesicht und tappte mit ihrer Pfote auf seine Stiefel. Die gelblichen Augen waren keinen halben Meter von ihm entfernt. Er sah den rostroten Fleck in ihrem Nacken. Sie war angeschossen worden und ihr Fell war an der wunden Stelle verklebt und verkrustet. In ihrer Schnauze trug sie einen kleinen Wolf, kaum ein paar Tage alt. Weiß der Deibel, warum sie das Tier so früh und mitten im Winter geworfen hatte. Sie ließ das Junge ganz vorsichtig in Georgs Schoß gleiten, starrte ihn noch ein paar Sekunden an, winselte leise und drückte sich davon. Allmählich kam Georg zu sich. Das Wolfsjunge kuschelte sich in seinen Pelz und war ganz zutraulich. Georg wusste sofort, dass die Wölfin ihm das Leben doppelt gerettet hatte. Es wäre für sie ein Leichtes gewesen, ihm die Kehle aufzureißen. Auch wäre er ohne das Tier erfroren. Stattdessen hatte sie ihm ihr Junges anvertraut. Was blieb dem Georg anderes übrig, er barg den kleinen Wolf an seiner Brust und rappelte sich auf. Von Liebenberg her hörte er die Glocken zur Mette läuten. Im Schnee sah er wie eine Kette aus roten Perlen die Blutspur der Wölfin. Er kam gerade noch rechtzeitig in die Kirche. Aber hinten unter dem Turm, wo er sonst seinen Platz hatte, war alles gestopft voller Männer. Sie schoben ihn immer weiter nach vorn, und so fand er sich schließlich dicht vor der Krippe wieder. In unserer Kirche geht es in diesem Gottesdienst immer sehr feierlich zu. In einer Prozession zieht der Pfarrer mit dem Kaplan und den vielen Messdienern zunächst zur Krippe. Hoch über seinem Kopf trägt er das Jesuskind, damit alle es sehen können, ganz behutsam, weil es einerseits Gottes Sohn, andererseits aus Gips ist und leicht zerbrechen könnte. Erst wenn der Pfarrer sich niederkniet und es in die Krippe gelegt hat, stimmt der Chor ›Stille Nacht, heilige Nacht‹ an.

In diesem Augenblick, als er das Kind gerade betten will, hört er auf einmal ein sonderbares, leises Jaulen. Er vergewissert sich, dass es nicht der Chor ist, der diese merkwürdigen Töne von sich gibt, merkt aber dann, woher das Geräusch kommt. Er denkt, es ist der Zatryb. Hat vielleicht rote Bohnen gegessen und Feuer im Bauch. Er winkt Georg heran und flüstert ihm zu: ›Bist in der Kirche, Georg, benimm dich.‹ Genau in diesem Augenblick streckt der Wolf seinen Kopf unter dem Pelz hervor und leckt dem Zatryb den Bart. Der Georg fürchtet, jetzt werde er mit Schande aus der Kirche hinausgejagt, aber der Pfarrer denkt in dieser friedlichen Nacht nicht an so was. Er legt das Jesuskind in die Krippe, gibt dem Chor einen Wink, das ›Stille Nacht‹ noch eine Weile herunterzuschlucken, rupft etwas von dem weichen Moos auf dem Boden des Krippenstalls zusammen und flüstert dem Georg zu: ›Gib her das Tierche.‹ Der tut's und der Pfarrer legt den Wolf zu den Lämmern ganz dicht vor Ochs und Esel. Rundherum brennen die Kerzen und machen's schön warm im Krippenstall. Dem jungen Wolf gefällt es, er rollt sich zusammen und blinzelt in die Flammen. Jetzt singt der Chor das ›Stille Nacht‹. Der Kopf des Wolfes zuckt hoch, aber dann scheint ihm das ›Stille Nacht‹ doch nicht unangenehm, klingt, von unserem Chor gesungen, ja auch ein bisschen wie fernes Wolfsheulen. Wieder rollt er sich zusammen, fester jetzt als zuvor, und scheint in Schlaf zu fallen.

Und was meint ihr? Der Pfarrer legt die Blätter mit der vorbereiteten Weihnachtspredigt beiseite. Er redet frei und spricht von dem großen Frieden, der im Paradies geherrscht haben muss, als der Wolf das Lamm nicht schlug, sondern im Gegenteil mit ihm spielte. Und dann sei dieser große Friede noch einmal aufgeblitzt, in der Arche nämlich, denn wo hätte das denn wohl hingeführt, wenn der Löwe das Kalb gefressen hätte. Ja, und dann in der Nacht, in der der Menschensohn im elenden Stall von Bethlehem auf die Welt gekommen sei, auch damals hätten die Hirten ganz ruhig von ihren Herden weggehen können, denn in dieser Nacht hätte kein Wolf – der Teufel hätte ihn beim Schwanz gepackt und in die Hölle gezogen –, hätte also kein Wolf ein Schaf gerissen. Und das sei alles nur ein Vorgeschmack von dem großen Frieden gewesen, den einmal alle Christenmenschen im Himmel erleben würden, nicht Krieg und nicht Mord und Totschlag, nicht Russen gegen Deutsche und Deutsche gegen Russen, wie man es zur Zeit so bitter erdulden müsse, sondern jener Friede, der große Schalom, wie das Volk Israel sagt, den die Menschen und die ganze Schöpfung herbeisehnen und der gewiss einmal kommen wird. Und dann zeigte er auf den kleinen Wolf im Krippenstall, der da Seite an Seite mit dem Lamm liegt und ganz friedlich ist.

›Und so sollen wir dem Zatryb Georg dankbar sein, dass er uns den Wolf in dieser Nacht in die Kirche getragen hat. Ein schöneres Bild für den Frieden auf Erden, den die Engel uns verheißen haben, hätten wir wohl kaum finden können. Amen.‹

›Amen, amen‹, seufzte vernehmlich die Katharina Waczak. Ihre vier Söhne hatte sie in den Krieg ziehen sehen und sie hat sich wohl nichts sehnlicher gewünscht als den großen Frieden.

Die ganze Gemeinde wiederholte laut und deutlich: ›Amen. Amen.‹

Und nach der Messe hat der Zatryb sein Tierchen wieder unter den Pelz gesteckt. Jetzt war für den Kleinknecht auf einmal Platz im Schlitten der Rogalkas. Er musste die ganze Geschichte, wie er an den Wolf gekommen war, noch in derselben Nacht erzählen. Die Bäuerin hat ihn in die gute Stube gebeten und ihm fette Milch und ein Babyfläschchen herausgestellt, damit er den Weihnachtswolf aufziehen konnte. Der Bauer aber hat ein Fässchen frisch gebrautes Bier aus dem Keller geholt, und sie haben auf das Tierche getrunken und wieder und wieder auf den großen Frieden angestoßen. Seitdem hat man in Tribuschs Kneipe immer seltener ›Zum Wohle‹ oder ›Prost‹ gehört, aber immer häufiger haben die Männer dort ›Schalom‹ gerufen, wenn sie sich zutranken. Ja, so ähnlich hat man's bei uns erzählt«, sagte Bruno. »Ob wirklich alles so gewesen ist, wer weiß das. Aber es ist wahr. Es war schön bei uns in Liebenberg.«

Das hätt' ich fast vergessen

HEINZ RÜHMANN

Solange ich denken kann, habe ich Weihnachten »Friede auf Erden und den Menschen ein Wohlgefallen« gesungen und mit mir wahrscheinlich die meisten meiner Leser. Wir haben falsch gesungen, behaupten die Bibel-Philologen, die richtige Übersetzung lautet »... und den Menschen *seines* Wohlgefallens«. Ich lern ja gern, aber ob ich mich daran noch gewöhnen werde? Ich hab' meine Zweifel

Wie anders sind dagegen Lesungen vor einem Zuhörerkreis. Vor Beginn ist man vom Lampenfieber gepackt, wie vor einer Premiere. Jedenfalls geht es mir so, wenn ich zur Adventszeit in der Sankt Michaelis Kirche in Hamburg lese. Da gibt es keine Bühne, kein Studio, keine Rampe, keine Trennung zwischen dem Publikum und mir, eben eine Kirche und eine wunderschöne dazu. Die Stimme fällt ohne Kontrolle in ein Nichts. Angst überkommt mich, ob ich die Menschen mit meinen Worten erreichen, ansprechen kann.

Dazu die exponierte Position. Ich sitze in der Nähe der Kanzel, sehr allein, an einem kleinen Tisch, über mir ein riesiger Christbaum mit Hunderten von Kerzen, die zuerst nur glimmen; aber wenn Orgel und Chor geendet – zuletzt erklang: »Es ist ein Ros' entsprungen ...« – und die biblische Geschichte nach dem Lucas-Evangelium beginnt »Und alsbald war da bei dem Engel die Menge der himmlischen Heerscharen«, werden die Kerzen heller, um bei der Stelle: »Ehre sei Gott in der Höhe und Friede auf Erden den Menschen seines Wohlgefallens« in voller Kraft vor dem dunklen Mittelschiff der Kirche zu erstrahlen. Erst jetzt kehrt Ruhe in mir ein.

Es ist etwas Einmaliges für mich, in dieser Stimmung, die auf mich übergeht, im Michel auf meinem Stühlchen zu sitzen, und zweitausend Menschen, die sich ebenfalls vom Advent einfangen lassen wollen, sind still bis zum Schluß, an dem ich ihnen Manfred Hausmann mit auf den Weg gebe:

»Trüb verglimmt der Schein, da der Abend naht,
und ich geh allein den verschneiten Pfad,
der, vom Hang gelenkt, mit gelindem Schwung
hin und her sich senkt in die Niederung ...

Reif erknirscht und Schnee unter meinem Schuh.
Weg, auf dem ich steh, dir gehör ich zu!
Wer des Lichts begehrt, muß ins Dunkel gehn.
Was das Grauen mehrt, läßt das Heil erstehn.
Wo kein Sinn mehr mißt, waltet erst der Sinn.
Wo kein Weg mehr ist, ist des Wegs Beginn.«

Christtag früh

GOETHE AN KESTNER

Frankfurt, 25. Dezember 1772

Christtag früh. Es ist noch Nacht, lieber Kestner, ich bin aufge-
standen um bey Lichte Morgens wieder zu schreiben, das mir
angenehme Erinnerungen voriger Zeiten zurückruft; ich habe
mir Coffee machen lassen den Festtag zu ehren und will euch
schreiben bis es Tag ist. Der Türmer hat sein Lied schon geblasen
ich wachte drüber auf. Gelobet seyst du Jesu Christ. Ich habe diese
Zeit des Jahrs gar lieb, die Lieder die man singt; und die Kälte die
eingefallen ist macht mich vollends vergnügt ... Der Türmer hat
sich wieder zu mir gekehrt, der Nordwind bringt mir seine Melodie, als blies er vor meinem Fenster. Gestern lieber Kestner war ich
mit einigen guten Jungens auf dem Lande, unsre Lustbarkeit war
sehr laut, und Geschrey und Gelächter von Anfang zu Ende. Ein
schöner Abend, als wir zurückgingen, es ward Nacht. Nun muß
ich dir sagen: Das ist immer eine Sympathie für meine Seele,
wenn die Sonne lang hinunter ist und die Nacht von Morgen herauf nach Nord und Süd um sich gegriffen hat und nur noch ein
dämmernder Kreis vom Abend heraufleuchtet. Seht Kestner, wo
das Land flach ist, ist's das herrlichste Schauspiel, ich habe jünger
und wärmer Stunden lang so ihr zugesehn hinab dämmern auf
meinen Wanderungen. Auf der Brücke hielt ich still. Die düstre
Stadt zu beyden Seiten, der still leuchtende Horizont, der Widerschein im Fluß machte einen köstlichen Eindruck in meine Seele
den ich mit beyden Armen umfaßte. Ich lief zu den Gerocks lies
mir Bleystift geben und Papier, und zeichnete zu meiner großen
Freude, das ganze Bild so dämmernd warm als es in meiner Seele

stand. Sie hatten alle Freude mit mir darüber, empfanden alles was ich gemacht hatte, und da war ichs erst gewiß, ich bot ihnen an, drum zu würfeln, sie schlugens aus und wollen, ich solls Mercken schicken. Nun hängts hier an meiner Wand, und freut mich heute wie gestern. Wir hatten einen schönen Abend zusammen wie Leute denen das Glück ein großes Geschenk gemacht hat und ich schlief ein, den Heiligen im Himmel dankend, daß sie uns Kinderfreude zum Christ bescheren wollen. Als ich über den Markt ging und die vielen Lichter und Spielsachen sah dacht ich an euch und meine Bubens wie ihr ihnen kommen würdet, diesen Augenblick ein Himmlischer Bote mit dem blauen Evangelio, und wie aufgerollt sie das Buch erbauen werde. Hätt ich bey euch seyn können ich hätte wollen so ein Fest Wachsstöcke illuminieren, daß es in den kleinen Köpfen ein Widerschein der Herrlichkeit des Himmels geglänzt hätte.

Die Tohrschließer kommen vom Burgemeister, und rasseln mit Schlüsseln. Das erste Grau des Tags kommt mir über des Nachbaars Haus und die Glocken läuten eine Christliche Gemeinde zusammen. Wohl ich bin erbaut hier oben auf meiner Stube, die ich lang nicht so lieb hatte als jetzt. Sie ist mit den glücklichsten Bildern ausgeziert die mir freundlichen guten Morgen sagen ...

Nun Adieu, es ist hell Licht. Gott sey bey euch, wie ich bey euch binn. Der Tag ist festlich angefangen ...

Weihnachten in Königsberg

MARIE-LUISE KASCHNITZ

Wie das war Weihnachten in Königsberg, mit dem Kind im schwarzen Samtkleidchen und irischem Spitzenkragen, und der Assistent, der dunkelhaarige Ostpreuße, steckte die Kerzen an und machte eine Aufnahme mit Blitzlicht, die habe ich noch. Vorher sind Vater und Tochter mit der Elektrischen in die Kirche gefahren, in den Dom, der lag weit weg auf der Insel, und an den alten Kornspeichern und an vielen Christbäumen in hohen, schmalen Fenstern kamen sie vorbei. Und wie das war in B. mit all den Flüchtlingen im Haus und den Plätzchen aus Haferflocken, aber der riesigen Tanne in der Halle, damals wurden die Dorfkinder noch beschenkt und hinterließen kleine Pfützen auf dem Teppich, die schöne Aufregung gibt es nicht mehr. Später wieder die üppigen Feste, die Kinder des Hauses vor hoch beladenen Tischen, die Weihnachtsgeschichte von den Buben auf deutsch, auf lateinisch, endlich auf griechisch vorgelesen. Das Glöckchen war noch immer das alte gläserne, einem zierlichen Napoleon griff man da um den Leib und läutete mit ihm das Christfest ein. Und wie das war in Rom, die langen Nachtwanderungen von den alten Parioli nach Sta. Maria Maggiore oder auf den Aventin, wo die Benediktiner sangen. Ein Jahrzehnt später im Auto von Krippe zu Krippe und zu Fuß durch die Glitzerstraßen auf den Festsaal Piazza di Spagna und die schöne Treppe hinauf. Hinaus auf die Via Cassia, aber vorher noch bei Costanza die Kerzen am winzigen Bäumchen angesteckt, und einmal ist mein Geschenk ein altmodischer Garderobenständer, an dessen schwarze Schnörkelarme Vittorio fünfzig rote und blaue Luftballons gebunden hat, die rühren sich, tanzen knisternd in der warmen Luft. In der Via Cassia ist das Haus erfüllt vom Duft des Tacchino und von Kinderungeduld. Das Lebkuchenhaus, die Nachtarbeit der Eltern, hat die fette Hündin Polpetta gefressen, niemand ist ihr deswegen gram. Bald ist es wieder soweit, die Fernsehglocken läuten, so viele Weihnachtsabende, und warum eigentlich immer diese Angst, da es doch oft schön war, und es könnten, wären wir nur leicht, die Sprossen der Himmelsleiter auch halten, und wir könnten, wenn wir nur leicht wären, auch fröhlich sein.

Schaufel und Besen

LUISE RINSER

Wenn ich mich recht erinnere, war ich acht Jahre alt, also in dem Alter, in dem Kinder meiner Generation noch fest daran glaubten, daß Weihnachtsgeschenke ohne Umweg vom Christkind kämen, und wenn der kleine, halbwache Verstand anfing zu bemerken, daß auch die Eltern nicht unbeteiligt waren, so half er sich noch eine Weile mit der Unterscheidung zwischen ganz richtigen Christkindgeschenken und solchen von Eltern und aus Geschäften. Ich wollte ein ganz richtiges Geschenk. Da ich nicht wie andere Kinder das Christkind für eine Art Zauber hielt, sondern durchaus richtig für die zweite göttliche Person, in Kindgestalt freilich, und da ich also füglich und richtig dieser Kindgestalt die gleiche göttliche Allwissenheit zuschrieb wie Gott dem Vater, so schien es mir überflüssig, sinnlos, ja häretisch (wenn ich auch dieses Wort noch nicht kannte, so doch die Sache), es erschien mir, wollte ich sagen, häretisch, diesem göttlich allwissenden Kinde meine Wünsche in einem Brief mitzuteilen, wie es üblich war. Ich, ganz spirituell, ich *dachte* meinen Wunsch. Ich dachte ihn neunmal hintereinander heftig, dann ließ ich's darauf ankommen. Neunmal dachte ich ihn, weil die Zahl neun, drei mal drei, bei mir schon von je eine Rolle spielte. Aber was wünschte ich denn so heftig? Eine kleine Kehrschaufel und einen Besen. Warum gerade das? Wer kann es wissen. Mir jedenfalls erschienen Schaufel und Besen für mein weiteres Leben unentbehrlich. Der Heiligabend kam, Schaufel und Besen lagen nicht unter dem Christbaum. Ich gab nicht sofort auf, ich suchte und suchte, suchte unter dem Tisch, dem Sofa, im Nebenzimmer, vor dem Fenster.

Die Eltern waren ratlos, dann ärgerlich, dann böse, denn ich schwieg, und meine Suche muß etwas Besessenes gehabt haben. Schließlich setzte ich mich auf eine Stuhl und blieb da sitzen, die Hände im Schoß, kerzengerade und stumm. Ich war gestorben, Weihnachten war gestorben. Die Eltern bedrängten mich immer stärker, und da dies mir lästig war und da mir ja nun ohnehin alles gleichgültig war, stand ich auf und begann, mit ihren Geschenken zu spielen. Ich wahrte Haltung, war stolz und spielte Stunde um Stunde mit den Spielsachen für ein richtiges Kind. Ein steinernes Kind tat, als spielte es, und täuschte die Eltern. Endlich war es Zeit, in die Mitternachtsmette zu gehen. Ich wurde warm verpuppt, bekam zwei runde, in der Ofenröhre erhitzte Bachkiesel in die Manteltaschen und eine kleine Sturmlaterne in die Hand, und wir gingen zur Kirche. Wir lebten auf dem Land, zwischen Chiemsee und Gebirge. Es lag Schnee, damals lag an Weihnachten immer Schnee, schön funkelnder, knirschender Schnee. Von überallher, von weither kamen die Bauern mit Stallaternen, schweigend, dampfend, mit großen Schritten, die Kinder voraus oder nebenher im Schnee, in den Taschen die Knallfrösche und bengalischen Zündhölzer für den Heimweg. Wer ist auf dem Dorf aufgewachsen und sehnt sich nicht sein Leben lang danach, noch einmal Kind zu sein, dort und für diese eine Nacht? Aber das Kind, das ich damals war, das war aus Stein. Es hatte Haltung, es ging brav zur Kirche, um pflichtgemäß jenes Kind anzubeten, dessen Allwissenheit oder Allmacht anzuzweifeln es allen Grund zu haben glaubte. In der Kirche war es schön wie immer an Weihnachten, das Schiff im Dunkel, die Krippe am Altar im Licht, und mein Vater spielte die Orgel zum Hochamt, es war eine sehr große und schöne Orgel, sie ist es heute noch, die Orgel in Übersee am Chiemsee. Aber all das zählte nicht. Ich kniete, steinern, ein Steinengel auf einem Kindergrab, eine gefährliche Stunde lang, die entscheiden konnte über ein ganzes Menschenleben. Wer konnte wissen, wie tief dieser erste echte Glaubenszweifel reichte? Das Amt ging zu Ende, und wie immer spielte mein Vater zum Auszug etwas von Bach. Damals war es eine große Fuge, das kannte die musikalische Kleine, denn sie spielte ja selber längst Klavier und Harmonium. Sie horchte auf. Diese Musik stieß hart an den harten Stein. Der Stein aber wollte nicht aufgesprengt werden, er hielt sich trotzig. Aber die Musik ließ nicht nach, sie bohrte den Stein von allen Seiten an, drang zuletzt vor bis ins Herz des steinernen Engels.

Er weinte nicht, so leicht weinte der nicht, aber er ergab sich, anders ist es nicht zu sagen. Und da, unerwartet einbrechend durch alle Schmerzkanäle, kam Weihnachten. Alles war plötzlich da: Kerzen, die Krippe, das Kind im Stall, Sterne, groß und hart funkelnd vor den Spitzbogenfenstern, und »Stille Nacht, heilige Nacht«, alle Süßigkeit, Weihnacht unverletzt, und mitten darin, zu einem Nichts aus Licht geworden, der Schmerz um Schaufel und Besen, der kein Schmerz mehr war, nur mehr eine flüchtige Erinnerung und der ebenso flüchtige Einfall, daß ich ja Tante Fanny bitten konnte, mir Schaufel und Besen zu kaufen, wenn, ja wenn mir der Sinn noch danach stehen sollte nach dieser Nacht, in der ich Schaufel und Besen überwachsen hatte.

6

IM ZEICHEN DES STERNS

Was würden Sie tun?

JOACHIM RINGELNATZ

Was würden Sie tun, wenn Sie das
neue Jahr regieren könnten?
Ich würde vor Aufregung wahrscheinlich
die ersten Nächte schlaflos verbringen
und darauf tagelang ängstlich und kleinlich
ganz dumme, selbstsüchtige Pläne
schwingen.

Dann – hoffentlich – aber laut lachen
und endlich den lieben Gott abends leise
bitten, doch wieder nach seiner Weise
das neue Jahr göttlich selber zu machen

Der Weihnachtsmann, der Smith hieß

HANS HABE

Ich verdanke diese Geschichte vom *Weihnachtsmann* meinem Freund David K. Brown, der Kriminalkommissar der New Yorker Polizei ist. Es ist schon merkwürdig genug, daß man einen Kriminalkommissar zum Freund hat, noch merkwürdiger, daß ein Kriminalkommissar etwas vom Weihnachtsmann versteht. Aber David K. Brown, von seinen Freunden kurz Dave genannt, ist ein Kriminalkommissar mit Herz. Vom Weihnachtsmann soll später die Rede sein.

Die Amerikaner – denn unsere Geschichte spielt ja in Amerika – haben eine altmodische Vorstellung vom Christkind. Sie meinen, das Christkind liegt am Weihnachtsabend in der Krippe, es wird von Hirten und Weisen angebetet und kümmert sich nicht um Geschenke. Da aber Geschenke sein müssen, verteilt sie, sozusagen in seiner Vertretung, der Weihnachtsmann, den sie dortzulande Santa Claus nennen – auch wir kennen ihn ja und haben viele Namen für ihn: Père Noël, Knecht Ruprecht, Knecht Nikolaus, Belzenruppert, Butterklas oder Pelzmärtel.

In den Städten, Städtchen und Dörfern Amerikas taucht der Weihnachtsmann schon lange vor Weihnachten auf. Das hat damit zu tun, daß er Geschenke nicht nur bringt, sondern auch Vorschläge macht und Wünsche entgegennimmt. Vor den großen Warenhäusern steht mindestens ein Weihnachtsmann mit einem weißen Wattebart; er trägt kniehohe Stiefel, eine Zipfelmütze, einen langen, roten, pelzverbrämten Mantel und läutet mit einer Glocke. In den besseren Warenhäusern stehen oder sitzen mehrere Weihnachtsmänner herum: Sie hören sich die Wünsche der braven Kinder an oder nehmen die braven Kinder auf die Knie und flüstern ihnen allerlei Ideen ins Ohr, welche die braven Kinder dann auf ihre Wunschzettel schreiben. Bei den kleineren Kindern stiftet es manchmal Verwirrung, daß es so viele Weihnachtsmänner gibt, aber ihre lieben Eltern sagen ihnen, daß Amerika groß ist und daß man deshalb viele Weihnachtsmänner braucht. Die amerikanischen Weihnachtsmänner sind überaus tüchtig. Sie haben sogar eine Gewerkschaft.

Im Jahr neunzehnhundertdreiundsechzig nach Christi Geburt, in dem unsere Geschichte spielt, wurde mein Freund, der Kommissar David K. Brown, auf Diebstähle aufmerksam, die auch den vielerfahrenen Mann überraschten. Dave, ich vergaß es zu sagen, gehört dem Warenhausdezernat der Polizei an. Er ist ein kleiner, pausbäckiger, liebenswürdiger Mann Ende Vierzig, er hat eine hübsche Frau und vier brave Kinder und ist, will es mir scheinen, für den harten Beruf viel zu warmherzig. Es schmerzt Dave also ein wenig, daß vor Weihnachten die Warenhausdiebstähle immer mächtig zunehmen – sei es, daß die Welt sehr gut ist und jedermann, ob er Geld hat oder nicht, eine Kleinigkeit nach Hause bringen möchte, sei es, daß die Welt sehr schlecht ist und die günstige Gelegenheit zu bösen Taten allemal ergreift. Mag es so sein oder anders: In diesem Jahr neunzehnhundertdreiundsechzig verschwanden nicht nur die diversesten Gegenstände – Pullover, Gesellschaftsspiele, Handschuhe, Damentaschen, und was ein Warenhaus sonst noch an Herrlichkeiten beherbergt –, die Diebstähle ereigneten sich auch gleichzeitig in zwei Dutzend Warenhäusern. Da mußten schon richtige Berufsdiebe am Werk sein.

Der ordentliche Bürger, der nichts oder wenig von Verbrechen weiß oder seine spärliche Weisheit aus Kriminalromanen bezieht, glaubt, daß sich ein Detektiv vorerst einmal auf den Tatort begibt. In Wirklichkeit begeben sich Kriminalbeamte vorerst ins Polizeiarchiv. Das tat auch mein Freund Dave, und zwar aus gutem Grunde. Er wußte nämlich, daß es Warenhausdiebe gerade um die seligmachende Weihnachtszeit lieben, in das Pelzgewand des Weihnachtsmannes zu schlüpfen, was höchst unchristlich, aber nicht unlogisch ist, da ja ein solcher bärtiger Watteonkel aussieht wie der andere, der Weihnachtsmann von Berufs wegen zwischen den »Rayons« auf- und abzuwandern hat, und ihm die sonst mißtrauischen Abteilungsleiter und Warenhausdetektive stets ein wohlwollendes Vertrauen entgegenbringen.

»Bevor ich dir sage, was ich im Archiv fand«, erzählte mir Dave, »mußt du freilich wissen, daß wir mit den Weihnachtsmännern jedes Jahr unsere liebe Not haben, und zwar nicht nur mit den falschen, sondern leider auch mit den ›echten‹. Bitte, wer will schon in diesen Jahren der Hochkonjunktur den Weihnachtsmann spielen? Auf die verlockenden Inserate der Warenhäuser – ›Weihnachtsmann zu sofortigem Eintritt gesucht, gute Bezahlung, geregelte Freizeit‹ – melden sich nicht immer nur die verläßlichen Mitglieder der Gewerkschaft, sondern auch Nichtstuer und Tagediebe, lichtscheue Gesellen, die sich schnell und leicht ein paar Dollar verdienen wollen: Wer soll da kontrollieren, ob nicht ein Wolf im Schafs- beziehungsweise Nikolauspelz sich verbirgt?«
Das sagte Dave sehr traurig, denn er hat, wie man sehen wird, eine ausgesprochene Schwäche für Weihnachtsmänner.

Kurzum: Mein Freund Dave stieg in den Archivkeller hinab, wo – unter ›S‹, Santa Claus – die Warenhausdiebe registriert sind, die als Weihnachtsmänner schon einmal etwas ausgefressen haben. Mehrere der registrierten Weihnachtsmänner – Fotografie und Fingerabdruck – saßen noch im Kittchen, einige waren ausgewandert, zwei waren ausgestorben und einer war Direktor einer Aktiengesellschaft geworden. Nach gewissenhafter Prüfung verfiel mein Freund Dave auf den unrühmlichst bekannten Warenhausdieb Joseph M. Smith, der ihm um so verdächtiger erschien, als dieser schon manch ein Ding als Weihnachtsmann gedreht hatte. Und siehe da: Joe Smith war tatsächlich nicht zu Hause. Seine Frau sagte, er arbeite gar fleißig als Weihnachtsmann – in welchen der unzähligen Geschäfte und Warenhäuser, das allerdings wußte oder wollte sie nicht angeben. Noch am gleichen Abend verdichtete sich das belastende Indiz zu annähernder Gewißheit, denn Weihnachtsmann Smith, offenbar auf das polizeiliche Interesse aufmerksam gemacht, kehrte nicht heim, er blieb auch in den nächsten Adventstagen verschollen. Wie aber sollte man ihn finden, da sich die Weihnachtsmänner – ich erwähnte es schon – so sehr gleichen, und die Warenhäuser in Amerika, wo es nicht einmal Fremdarbeiter gibt, die Ausweispapiere der viel zu seltenen Weihnachtsmänner keineswegs mit gebührender Strenge prüfen?

Da aber – es war der zwanzigste Dezember und es schneite, wie es sich gehört, in großen Flocken – traten jene Ereignisse ein, die das polizeiliche Interesse von Joe Smith ohnedies ablenkten. An diesem Tag wurde im Sack eines Weihnachtsmannes – denn Santa Claus oder Père Noël oder Knecht Ruprecht führen stets einen Leinensack mit sich – ein gestohlener Gegenstand gefunden, nämlich ein ziemlich teures elektrisches Heizkissen. Da hatte man den Warenhausdieb; vielmehr glaubten Daves Detektive, ihn zu haben. Sie hatten ihn ganz und gar nicht, denn das Heizkissen stammte aus einem anderen Warenhaus als jenem, in dem es gefunden worden war, und der Weihnachtsmann, Kowalewski mit Namen, konnte nachweisen, daß er »sein« Warenhaus seit Tagen nicht verlassen hatte. Wie also, fragten die Detektive, war er zu dem Heizkissen gekommen? Ganz einfach, antwortete Weihnachtsmann Kowalewski, ein unbekannter Weihnachtsmann habe es ihm geschenkt. Was, nebenbei, sehr aufmerksam gewesen sei, denn Mrs. Kowalewski sei seit langem leidend und habe sich schon immer ein elektrisches Heizkissen gewünscht.

Aber es kam noch bunter, viel bunter. Die Beamten meines

Freundes Dave, die nun von den Säcken der Weihnachtsmänner wie von Magneten angezogen wurden, fanden beim Weihnachtsmann Cassidi in einem Warenhaus der 34. Straße ein Bügeleisen, das in einem Warenhaus der 12. Straße verschwunden war, beim Weihnachtsmann Kunz im Warenhaus »Bloomingdale« eine Pelzjacke, die bei »De Pinna« gestohlen worden war, beim Weihnachtsmann Pollack in Manhattan ein Paar Skischuhe, die ein Geschäft in der Bronx vermißte. Das ganze Warenhausdezernat der Polizei aber stand Kopf, als in der Wohnung des Weihnachtsmannes Washington Lincoln, eines Negers – denn, angesichts des Mangels an Arbeitskräften nimmt man es jetzt mit der Hautfarbe der Weihnachtsmänner nicht so genau –, ein Schaukelpferd sichergestellt wurde, das von einem Spielwarenparadies der Fifth Avenue, weit von Harlem entfernt, als »missing object« gemeldet worden war. Da stand nun mein Freund Dave und wußte nicht, was er tun sollte, denn erstens konnte er nicht alle Weihnachtsmänner einsperren, ohne die ganze Feststimmung samt Weihnachtsgeschäft zu stören, und zweitens ... ja auf dieses Zweitens kommt es eben an. Die Geschichte, welche die verdächtigen Weihnachtsmänner erzählten, glichen sich, obwohl keiner den anderen kannte, aufs Haar: Samt und sonders hatten sie die »Geschenke« von einem Weihnachtsmann bekommen. Bei Washington Lincoln aus Harlem war das Schaukelpferd sogar von einem Weihnachtsmann – von einem unbekannten, wohlgemerkt: aber seit wann geben Weihnachtsmänner ihre Visitenkarte ab? – ins Haus geliefert worden. Übrigens schaukelte es noch fein säuberlich verpackt im Hinterhof, denn Washington Lincoln hatte es begreiflicherweise für den Weihnachtstag aufgehoben.

»Am liebsten hätte ich die ganze Sache fallengelassen«, sagte mir Dave später, als er mir von den Vorfällen berichtete, »denn die Sache wurde immer rätselhafter. Erstens widerstrebte es mir zu glauben, daß alle Weihnachtsmänner Diebe seien, und außerdem konnte es kriminalistisch auch gar nicht stimmen: Wenn sie stehlen wollten, hätten sie es doch im eigenen Warenhaus leichter gehabt.«

Hier unterbrach sich mein Freund Dave, und ich hatte das Gefühl, daß er mir etwas sagen wollte, was er sich zu sagen schämte. Endlich rückte er mit der Sprache heraus.

»Schau«, meinte er, »es war doch wirklich etwas merkwürdig. Dieser Cassidi, zum Beispiel, der mit dem Bügeleisen. Als ich ihn ins Verhör nahm, sah er mich nur mit seinen großen dunklen Augen an und sagte: ›Warum finden Sie das alles so sonderbar, Herr Kommissar? Die Kinder flüstern uns doch auch ihre Wünsche ins Ohr, und wir sorgen dann dafür, daß es ihnen irgendein anderer Weihnachtsmann unter den Baum legt.‹ Und der Pollack, dem der Weihnachtsmann die Skischuhe für den kleinen Pollack gebracht hatte, sah mich treuherzig an und sagte ganz ernstlich: ›Daß es so viele falsche Weihnachtsmänner gibt, Herr Kommissar, bedeutet nicht, es könne nicht auch einen wirklichen geben. Wir verehren so viele falsche Götter, aber es gibt trotzdem einen wirklichen.‹ Kurzum, ich hätte am liebsten die ganze Untersuchung an den Nagel gehängt – es ist doch wirklich am einfachsten, einem Wunder nicht weiter nachzugehen. Es war der vierundzwanzigste Dezember – da fällt es leicht, an ein Wunder zu glauben.«

Aber was am Morgen des vierundzwanzigsten Dezember geschah, war kein Wunder. An diesem Morgen – es schneite immer noch, die Fifth Avenue erstrahlte im Glanz Tausender von Lichtern, die Glocken läuteten, die braven Kinder hatten ihren bravsten Tag im Jahr, und die lieben Eltern pufften sich an den Verkaufsständen –, an diesem Morgen also wurde in einem Warenhaus auf Union Square ein Weihnachtsmann dabei angetroffen, daß er, statt Äpfel aus seinem Sack zu zaubern, drei Paar warme Handschuhe in seinen Sack zauberte. Dieser Weihnachtsmann –

kein Mitglied der Gewerkschaft, wie ich betonen möchte – hatte bei der Direktion irgendeinen Namen angegeben, aber es war natürlich kein anderer als der sattsam bekannte Warenhausdieb Joseph M. Smith. Von meinem Freund Dave persönlich einvernommen, gab der einundfünfzigjährige, in Columbus, Ohio, gebürtige ehemalige Tapezierer und jetzige Weihnachtsmann Joseph M. Smith an, sechs Bügeleisen, drei Pelzjacken, vier elektrische Heizkissen, drei Paar Schuhe, zwölf Halstücher, neun Pullover, vierzehn Paar Socken, sechsunddreißig Paar Nylonstrümpfe, zwei Damenhandtaschen, zwölf Puppen, acht Gesellschaftsspiele, neunzehn Märchenbücher und ein Schaukelpferd entwendet zu haben. Auf das Schaukelpferd war er übrigens, aus begreiflichen Gründen, besonders stolz. Die Zahl der gestohlenen Handschuhe bezifferte er mit einundzwanzig, legte aber Gewicht darauf, daß die drei, bei deren Diebstahl er betroffen worden war, seinem Schuldkonto nicht zugezählt werden. Im Zuge seiner Einvernahme gab Weihnachtsmann Smith – ein großer, fettleibiger Mann mit rosa Wangen, kugelrunden Augen und einer Kartoffelnase – folgende erstaunliche Erklärung zu Protokoll:

»In meiner Funktion als Weihnachtsmann beobachte ich seit Jahren das schwere Los der Weihnachtsmänner. Manch ein Santa Claus, der auf der Straße vor den Warenhäusern die Glocke schwingen muß, geht am Weihnachtstag mit erfrorenen Zehen nach Hause. Wochenlang befinden sich die Weihnachtsmänner inmitten eines Paradieses, dessen ärmste Bewohner sie sind. Die meisten Wünsche, welche die Kinder den Weihnachtsmännern ins Ohr flüstern, werden erfüllt, aber die Weihnachtsmänner können ihren eigenen Kindern nicht einmal das schlichteste Schaukelpferd kaufen. Auch muß man die seelische Situation eines Weihnachtsmannes bedenken, der den ganzen Tag das Christkind vertritt und dann am Abend in einer überfüllten Untergrundbahn hin- und hergestoßen wird. Wenn Weihnachten naht, gibt es

Hilfsaktionen für unverheiratete Mütter, Speisungen für ehemalige Sträflinge, Bahnhofsmissionen für einsame Mädchen und einen Christbaum für Lehrlinge aus fremden Städten. Nur um den Weihnachtsmann kümmert sich keiner. Ich habe in diesem Jahr beschlossen, mich der Weihnachtsmänner anzunehmen. Ich habe mir – was, ich gebe es zu, nicht üblich ist – die Weihnachtswünsche der Weihnachtsmänner angehört und habe mich bemüht, sie nach bestem Wissen und Gewissen zu erfüllen. Leider steht noch ein Schlitten, um den ich mich am Nachmittag kümmern wollte, auf meiner Wunschliste. Man soll die wichtigsten Besorgungen nicht bis zuletzt aufschieben. Bei dem Weihnachtsmann Papagos vom Warenhaus in der 52. Straße, dessen Wunsch ich nicht erfüllen konnte, möchte ich mich wegen der ihm zugefügten Enttäuschung entschuldigen.«

So sprach der Weihnachtsmann, der Smith hieß, und das wäre wohl das Ende unserer Geschichte. Es ist auch das Ende der Geschichte, wie sie mir mein Freund David K. Brown von der New Yorker Polizei, Warenhausdezernat, erzählte, aber es sieht David ähnlich, daß er mir das wirkliche Ende verschwieg: Ich mußte es von einem anderen Freund, einem Polizeireporter, erfahren.

Um etwa ein Uhr mittags, als der Andrang der verspäteten Käufer seinen Höhepunkt erreichte – es schneite immer noch, wie es sich gehört, in großen Flocken –, gellte der schrille Ton der Polizeisirenen durch die feierliche Metropole. Im schnellsten Funkstreifenwagen, den er auftreiben konnte, ließ sich mein Freund Dave von einem Warenhaus zum anderen fahren. Nachdem er den jeweiligen Direktoren und Geschäftsführern »Fröhliche Weihnachten!« gewünscht hatte, machte er die vielbeschäftigten Leute mit dem Gesetz bekannt, wonach es bei Diebstählen bis zu einer gewissen Summe dort, wo keine Anzeige vorliegt, auch keine behördlichen Maßnahmen geben kann. Dann erzählte er den zuerst ungeduldig, dann immer interessierter lauschenden

Damen und Herren die Geschichte vom Weihnachtsmann, der Smith hieß. Er war recht erschöpft, als er am späten Nachmittag, dreiundzwanzig unterschriebene Formulare mit zurückgezogenen Anzeigen »gegen Unbekannt« in der Aktentasche, wieder in den Hof der Polizeidirektion einbog. Auf dem Rückweg hatte er dem Fahrer befohlen, die Sirene abzustellen. Er muß sich in ziemlich feierlicher Stimmung befunden haben, mein Freund.

Monate später gestand ich ihm, daß ich das Ende der ungewöhnlichen Begebenheit von dritter Seite erfahren hätte. Er zuckte mit den Achseln. Beinahe entschuldigend sagte er:

»Du wirst mich für einen Narren halten, aber als mir der Smith da gegenüberstand – ein großer, fettleibiger Mann mit rosa Wangen, kugelrunden Augen und einer Kartoffelnase; es fehlte wirklich nur der weiße Bart –, da hatte ich das Gefühl, als stünde mir der Weihnachtsmann gegenüber. Und ganz sicher bin ich immer noch nicht, daß er es nicht war. Denn wenn die Weihnachtsmänner anfangen, an den Weihnachtsmann zu glauben, dann – dann muß an der Geschichte doch etwas wahr sein.«

So sprach mein Freund Dave, und dabei kam es mir vor, als sähe er selbst ein wenig wie der Weihnachtsmann aus, natürlich ohne weißen Bart. Aber ich will nicht davon anfangen. Wo käme man hin, wenn es nicht nur unter den Weihnachtsmännern, sondern auch unter den Kriminalbeamten einen Weihnachtsmann gäbe …?

Martin entdeckt den Weihnachtsstern

MANFRED HAUSMANN

Da der Winter mit den funkelnden Sternennächten vor der Tür steht, haben Christoph und Görge sich einen Linsensatz für zwei Mark sechzig kommen lassen und sind allen Ernstes dabei, ein Himmelsfernrohr zu erbauen. Es soll sogar parallaktisch aufgehängt werden. Martin geht einige Tage mit den Händen in den Taschen um die Arbeitenden herum und fragte sie hin und wieder etwas. Dann zieht er sich in sein Kämmerchen zurück.

»Christoph und Görge«, sagt er eines Abends beim Essen, »glaubt ihr, daß ich hiermit einen Stern erkennen kann?« Er holt, sich auf dem Stuhl zur Seite neigend, eine leere Zwirnrolle aus seiner Tasche, hält sie vors Auge und richtet sie auf die Lampe über dem Tisch.

»Das soll nämlich mein Fernrohr sein.«

»Zeig mal her«, sagt Christoph lachend.

»Und hier habe ich eine Linse vorgemacht. Glaubst du, daß ich da einen Stern mit erkennen kann?«

Christoph blinzelt hindurch. »Natürlich kann man damit einen Stern erkennen. Alles kann man damit erkennen. Nicht ganz so gut wie mit dem bloßen Auge, aber immerhin.«

Der Vater möchte gern wissen, um was für eine Linse es sich handelt. Christoph reicht ihm die Rolle. Die Linse besteht aus einer kleinen, dreieckigen Glasscherbe, die Martin mit Blauköpfen vor die Öffnung der Rolle genagelt hat. »Das ist ja ein wunderbares Fernrohr«, sagt der Vater, indem er ein Auge zukneift und gleichfalls die Lampe betrachtet. Es rieselt etwas durch ihn hindurch, Rührung, Glück, Dankbarkeit, eine warme und zärtliche Empfindung.

»Glaubst du, daß ich da einen Stern mit erkennen kann?«

»Jeden Stern kannst du damit erkennen. Komm, hier hast du dein Fernrohr wieder.«

Aber die Mutter bittet darum, es auch einmal ausprobieren zu dürfen. Nachdem sie es von allen Seiten bewundert hat, sieht sie hindurch. Dann stellt sie es vorsichtig auf den Tisch, legt die Hände vor ihr Gesicht, zieht sie ein bißchen herab und wirft dem Vater über die Fingerspitzen hinweg einen dunklen, strahlenden Blick zu.

»Kann ich eigentlich den Mond da auch mit erkennen?« fragt Martin.

Görge wirft ein, heute Abend gebe es keinen Mond.

»Aber Sterne?«

»Sterne genug.«

»Dann will ich mal zwei Sterne ... drei Sterne will ich mal mit mein Fernrohr erkennen.«

Sowie das Abendbrot beendet ist, läuft Martin auf die Terrasse und sucht den Himmel mit seiner Zwirnrolle ab.

Nach einer Viertelstunde schiebt er sich in die Bibliothek und wartet, daß der Vater, der dort die Zeitung liest, einmal aufblickt.

»Na, Martin?«

»Leider kann ich da doch keinen richtigen Stern mit erkennen.«

»Warum denn nicht?«

»Ne, Ich kann nur Pünkte erkennen.«

»So sehen die Sterne eben aus. Wie Punkte.«

»In mein Bilderbuch sehen sie aber gaaanz anders aus. Weißt doch mit so Zacken herum und so.«

Der Vater denkt, die Bilderbuchmaler täten auch besser, bei der Wahrheit zu bleiben. Nun kann er zusehen, wie er dem armen Martin über die Enttäuschung hinweghilft, die sie verschuldet haben.

»Die gewöhnlichen Sterne sehen tatsächlich wie Punkte aus. Und wenn du durch Christophs und Görges Fernrohr guckst, dann sehen sie immer noch wie Punkte aus. Da hilft nichts. Etwas anderes ist es wohl mit dem Weihnachtsstern. Der hat wohl diesen herrlichen Glanz und die Strahlen und alles.«

»Kann ich den Weihnachtsstern denn mal mit mein Fernrohr erkennen?«

»Ich glaube nicht, Martin. Er scheint in unserer Zeit nicht mehr am Himmel. Ich hab ihn jedenfalls noch nie gesehen.«

»Wie schaaade.«

Und dann kommt der Abend, an dem Christoph und Görge ihr Fernrohr zum ersten Male im Freien aufstellen, um die Wunder der Himmelswelt zu erforschen. Es ist inzwischen bitterkalt geworden, bald wird Weihnachten sein, der frisch gefallene Schnee glitzert im Sternenlicht. Die übrige Familie nimmt, in Mäntel gehüllt, an dem Ereignis Anteil. Aber Christoph und Görge haben vor lauter Leidenschaft nicht einmal ihre Jacken an. Sie wollen versuchen, die Monde des Jupiters zu beobachten. So einfach scheint es indessen nicht zu sein, eines bestimmten Sternes habhaft zu werden. Man darf das Fernrohr nur mit den Fingerspitzen berühren, denn die kleinste Bewegung läßt das tanzende Pünktchen wieder aus dem Sehfeld verschwinden.

»Trampel doch nicht so laut hier herum, Vio!«

»Welcher ist denn der Jupiter?« fragt Martin.

Der Vater führt den Blick des Jungen von einem dunklen Föhrenwinkel zum Gürtel des Orion und von dort über den Aldebaran zu den Plejaden und dann zu dem leuchtenden Stern, der schräg darüber steht.

»Das ist er.«

Martin zieht den Mantel hoch und kramt in seiner Hosentasche herum. Dann setzt er sein Fernrohr an, beugt den Kopf zurück und sucht den Jupiter. Mit einem Male sagt er leise zu sich selbst: »Oh!« Und noch einmal wie erschrocken: »Oh!« Und dann ganz überwältigt: »Oh!«

»Was ist denn?« fragt der Vater.

»Ich erkenne den Weihnachtsstern!« flüsterte Martin, ohne die Zwirnrolle von seinem Auge zu nehmen.

»Wirklich? Wie sieht er denn aus?«

»Mit lauter so darum herum aus Gelb und Grün und Golden.«

Da muß der Vater doch auch einmal durch Martins Fernrohr sehen. Und wirklich, es gleißt und schimmert um den Jupiter herum, daß es nur so eine Art hat. Aber der Vater erkennt auch gleich, wie das Feuerwerk zustande kommt. Auf der Glasscherbe sitzt ein fettiger Fingerabdruck über dem andern, und in den zarten Rillen bricht sich der Sternenschein, glänzt auf und versprüht zu farbigen Strahlen.

»Uh, jetzt!« ruft Christoph. »Jetzt hab' ich's. Zwei kann man sehen! Zwei Monde! Ganz deutlich!« Viola hüpft von einem Bein aufs andere. »Ich auch mal!«

»Erst ich«, sagte Görge. »Du verstehst ja doch nichts davon.« Der Vater legt das Fernrohr wieder in Martins ausgestreckte Hand und sagt, daß er noch nie in seinem Leben einen so zauberhaften Stern erblickt habe wie diesen. »Komm, Mutti soll sich auch einmal daran freuen.«

»Haben Christoph und Görge ihn auch erkannt?«

»Nein. Das Fernrohr von Christoph und Görge ist nur für gewöhnliche Sterne bestimmt.«

»Wem sein Fernrohr findest du besser, meins oder Christoph und Görge seins?«

»Ein besseres Fernrohr als das, womit man den Weihnachtsstern erblicken kann, dürfte es wohl nirgends auf der Welt geben.«

»Oh!« sagt Martin.

Das Weihnachtsgeschenk

O. HENRY

Ihr ganzes Vermögen war ein Dollar, 87 Cents, davon 60 Cents in Pennystücken. Alles mühsam zusammengekratzt und gespart. Und morgen war Weihnachten. Nichts blieb übrig, als sich auf die kleine, schäbige Couch zu werfen und zu heulen. Das tat Della denn auch, und es beweist uns, daß sich das Leben eigentlich aus Schluchzen, Seufzen und Lächeln zusammensetzt, wobei das Seufzen unbedingt vorherrscht.

Inzwischen betrachten wir das Heim etwas näher. Es ist eine kleine möblierte Wohnung zu acht Dollar in der Woche. Sie sieht nicht gerade armselig aus, ist davon aber auch nicht allzu weit entfernt. Unten im Hausflur hängt ein Briefkasten, in den niemals Briefe geworfen werden; daneben steckt der Knopf einer elektrischen Klingel, der kaum jemand je einen Ton abschmeichelt. Weiter befindet sich dort auch eine Karte, die den Namen »Mr. James Dillingham Young« trägt. Dieses »Dillingham« war während einer Zeit vorübergehenden Wohlstandes ins Leben gerufen worden, als sein Besitzer dreißig Dollars in der Woche verdiente. Jetzt, da das Einkommen auf zwanzig Dollars zusammengeschrumpft ist, muten die Buchstaben von »Dillingham« etwas verschwommen an, als ob sie ernstlich beabsichtigten, sich zu einem bescheidenen anspruchslosen »D« zusammenzuziehen.

Wenn aber Mr. J. D. Y. jeweils eine Etage erreichte, so wurde er »Jim« gerufen und von Frau J. D. Y., uns bereits als Della bekannt, zärtlich umarmt, womit das Buchstabenproblem unwichtig wurde. Somit ist alles in bester Ordnung.

Della hörte zu weinen auf und tröstete ihre Wangen mit der

Puderquaste. Sie stand am Fenster und schaute bedrückt einer grauen Katze zu, die im grauen Hinterhof über einen grauen Zaun balancierte. Morgen war Weihnachten, und sie hatte nur das wenige Geld, um Jim ein Geschenk zu kaufen.

Im Zimmer hing zwischen den Fenstern ein Spiegel. Wie hingewirbelt stand Della plötzlich mit hell leuchtenden Augen vor ihm. Rasch löste sie ihr Haar und ließ es in seiner ganzen Länge fallen.

Im Besitze der J. D. Y's gab es zwei Dinge, auf die sie ihren ganzen Stolz setzten. Das eine war Jims goldene Uhr, die vor ihm seinem Vater und seinem Großvater gehört hatte. Das andere war Dellas Haar. Hätte in der Wohnung jenseits des Hofes die Königin von Saba gewohnt, Della hätte ihr Haar zum Trocknen aus dem Fenster gehängt, einzig und allein, um die Juwelen und Schmuckstücke ihrer Majestät wertlos erscheinen zu lassen. Und wäre König Salomo mit all seinen aufgestapelten Schätzen selbst Concier des Hauses gewesen. Jim hätte jedesmal beim Vorbeigehen seine Uhr gezückt, um zu sehen, wie König Salomo sich vor Neid den Bart ausrupfte.

So fiel Dellas Haar wie ein goldener Wasserfall glänzend und sich kräuselnd an ihr herab. Es reichte ihr bis unter die Knie und formte beinahe einen Mantel. Mit nervösen Fingern steckte sie es rasch wieder auf. Einmal zögerte sie einen Augenblick. Zwei Tränen fielen auf den abgetragenen roten Teppich. Sie schlüpfte in die alte braune Jacke, setzte den alten braunen Hut auf und huschte, immer noch das glänzende Leuchten in den Augen, zur Tür hinaus, die Treppen hinunter und durch die Straße.

Sie stand erst still, als sie bei einem Schild anlangte, auf dem zu lesen war: »Mme. Sofronie, An- und Verkauf von Haar aller Art.« In einem Satz rannte Della ein Stockwerk hinauf; keuchend hielt sie an und faßte sich. Madame, groß, massig, zu weiß gepudert, sehr kühl, sah kaum aus, als wäre sie »Sofronie«. »Kaufen Sie mein Haar?« fragte Della. »Ich kaufe Haar«, sagte Madame. »Nehmen Sie den Hut ab und zeigen Sie, was Sie haben.« Herunter rieselte der braune Wasserfall. »20 Dollars«, mit geübter Hand wog Madame die Masse.

»Geben Sie es, rasch« sagte Della.

Oh, und die zwei folgenden Stunden vergingen wie auf rosigen Schwingen. Vergessen war die zermürbende Vorstellung der fehlenden Haare. Sie durchstöberte die Läden auf der Suche nach Jims Geschenk.

Endlich fand sie es. Sicher war es für Jim und niemand anders gemacht. Nichts kam ihm gleich in keinem der Läden. Es war eine Platinuhrenkette, einfach und geschmackvoll in Form und Zeichnung. Sie war es sogar wert, die Uhr zu ketten. Sobald Della die Kette sah, wußte sie, daß sie Jim gehören mußte. Sie war wie er. Einundzwanzig Dollars nahmen sie ihr dafür ab und mit den 87 Cents eilte sie heim. Mit dieser Kette an seiner Uhr durfte Jim in jeder Gesellschaft so eifrig als er nur wollte nach der Zeit sehen. So schön die Uhr war, schaute er nämlich manchmal scheu darauf, weil das alte Lederband, das er an Stelle einer Kette benützte, so schäbig war.

Als Della zu Hause ankam, ließ ihr Taumel nach und sie wurde etwas vernünftig. Sie holte ihre Brennschere heraus, zündete das Gas an und machte sich daran, die Verheerung, die Großmütigkeit zusammen mit Liebe angerichtet hatte, wieder gutzumachen, was immer eine Riesenarbeit ist, liebe Freunde, – eine Mammut-Aufgabe.

Nach vierzig Minuten war ihr Kopf mit kleinen, nahe beisammenliegenden Löckchen bedeckt, die ihr ganz das Aussehen eines Lausbuben gaben. Lange schaute sie ihr Bild an, das der Spiegel zurückwarf, kritisch und sorgfältig. »Wenn Jim mich nicht tötet«, sagte sie zu sich selbst, »bevor er mich ein zweitesmal anschaut, so wird er sagen, ich sehe aus wie ein Chormädchen von Coney

Island. Aber was konnte ich tun – oh, was konnte ich tun mit einem Dollar und 87 Cents?«

Um sieben Uhr war der Kaffee gemacht, und die heiße Bratpfanne stand hinten auf dem Ofen, bereit, die Koteletts aufzunehmen, die darin gebraten werden sollten. Jim kam nie spät. Della nahm die Kette in die Hand und setzte sich auf den Tisch bei der Tür, durch die er immer hereinkam. Dann hörte sie entfernt seinen Schritt im ersten Stockwerk und für einen Augenblick wurde sie ganz weiß. Sie hatte die Gewohnheit, im stillen kleine Gebete für die einfachsten Alltagsdinge zu sagen, und sie flüsterte vor sich hin: »Lieber Gott, mach, daß er denkt, ich sei immer noch hübsch.« Die Tür öffnete sich. Jim kam herein und schloß sie. Er war mager und hatte ein sehr ernstes Aussehen. Armer Kerl, erst zweiundzwanzig und schon mit einer Familie beladen. Er hätte dringend einen neuen Mantel gebraucht und hatte keine Handschuhe. – Jim stand bei der Türe still, so unbeweglich wie ein Jagdhund, der eine Fährte wittert.

Seine Augen waren auf Della gerichtet und hatten einen Ausdruck, den sie nicht deuten konnte, und der sie erschreckte. Es war nicht Ärger. Della sprang vom Tisch herunter und lief auf ihn zu.

»Jim, Lieber«, rief sie weinend, »schau mich nicht so an. Ich ließ mein Haar abschneiden und verkaufte es, weil ich es nicht ausgehalten hätte, ohne dir ein Geschenk zu Weihnachten zu geben. Es wird wieder nachwachsen. Du bist nicht böse, nicht wahr? Ich mußte es einfach tun. Mein Haar wächst unheimlich schnell. Sag ›Fröhliche Weihnachten‹! Jim, und laß uns glücklich sein. Du weißt ja gar nicht, welch schönes – wunderbar schönes Geschenk ich für dich habe.« »Dein Haar hast du abgeschnitten?« fragte Jim mühsam, als hätte er selbst mit der strengsten geistigen Arbeit diese offensichtliche Tatsache noch nicht erfaßt.

»Abgeschnitten und verkauft«, sagte Della. »Verkauft ist es, sag ich dir, verkauft und fort. Heute ist doch Heiliger Abend, du. Sei lieb, es ist doch für dich. Sei lieb, ich gab es ja für dich weg. Es kann ja sein, daß die Haare auf meinem Kopf gezählt waren«, fuhr sie mit plötzlicher ernsthafter Verliebtheit weiter, »aber niemand könnte je meine Liebe zu dir zählen. Soll ich jetzt die Koteletts auflegen, Jim?« Nun schien Jim rasch aus seinem Trancezustand zu erwachen. Er nahm Della in seine Arme. Für zehn Sekunden wollen wir mit diskreter Genauigkeit irgendeinen belanglosen Gegenstand in entgegengesetzter Richtung eingehend betrachten. Acht Dollars in der Woche oder eine Million im Jahr – was ist der Unterschied? Ein Witzbold und ein Mathematiker würden uns beide eine falsche Antwort geben.

Indessen zog Jim ein Päcklein aus seiner Manteltasche und warf es auf den Tisch. »Du mußt dir nichts Falsches vorstellen über mich, Della«, sagte er. »Ich glaube, da gäbe es kein Haarschneiden, Dauerwellen oder Waschen in der Welt, das mich dazu brächte, mein Frauchen weniger zu lieben. Aber wenn du das Paket da auspackst, wirst du sehen, warum ich mich zuerst eine Weile nicht erholen konnte.«

Weiße Finger zogen an der Schnur, rissen am Papier. Ein begeisterter Freudenschrei. Und dann – o weh – ein rascher, echt weiblicher Wechsel zu strömenden Tränen und lauten Klagen erforderte die Anwendung sämtlicher tröstender Kräfte und Einfälle des Herrn des Hauses. Denn da lagen sie, die Kämme – die Garnitur von Kämmen, seitlich und rückwärts einzustecken, die Della so lange im Schaufenster einer Hauptstraße bewundert hatte. Fabelhafte Kämme, echtes Schildpatt, mit echten Steinen besetzt – gerade in den Farbtönen, die in dem wundervoll verschwundenen Haar so schön gespielt hätten. Es waren teure Kämme. Sie wußte es. Mit ganzem Herzen hatte sie diese Wunder begehrt. Und jetzt gehörten sie ihr, aber die Zöpfe, die mit diesen begehrenswerten Schmuckstücken hätten geziert werden sollen, waren fort.

O. Henry

Trotzdem drückte sie sie an ihr Herz und endlich konnte sie auch mit verschleierten Augen aufsehen und lächelnd sagen: »Mein Haar wächst ja so schnell, Jim!« Und dann sprang Della auf wie eine kleine Katze, die sich gebrannt hatte, indem sie immerzu »Oh, oh« rief. Jim hatte ja sein wunderschönes Geschenk noch nicht gesehen. Sie hielt es ihm auf der offenen Hand eifrig entgegen. Das wertvolle, matt glänzende Metall schien ihre heitere und feurige Seele widerzuspiegeln.

»Ist es nicht großartig – das einzig Wahre? Ich habe danach gejagt, bis ich es fand. Du wirst jetzt jeden Tag hundertmal sehen müssen, wieviel Uhr es ist. Gib mir deine Uhr, ich muß sehen, wie die Kette daran aussieht.« Anstatt zu gehorchen, machte es sich Jim auf der Couch bequem, legte die Hände hinter den Kopf und lächelte.

»Dell«, sagte er, »wir wollen unsere Weihnachtsgeschenke noch für einige Zeit aufbewahren, sie sind zu schön, als daß wir sie jetzt gebrauchen könnten. Denke, ich habe die Uhr verkauft, um das Geld für deine Kämme zu erhalten. Und jetzt, glaub' ich, ist es das beste, du stellst die Koteletts auf.«

Die drei dunklen Könige

WOLFGANG BORCHERT

Er tappte durch die dunkle Vorstadt. Die Häuser standen abgebrochen gegen den Himmel. Der Mond fehlte, und das Pflaster war erschrocken über den späten Schritt. Dann fand er eine alte Planke. Da trat er mit dem Fuß gegen, bis eine Latte morsch aufseufzte und losbrach. Das Holz roch mürbe und süß. Durch die dunkle Vorstadt tappte er zurück. Sterne waren nicht da.

Als er die Tür aufmachte (sie weinte dabei, die Tür), sahen ihm die blaßblauen Augen seiner Frau entgegen. Sie kamen aus einem müden Gesicht. Ihr Atem hing weiß im Zimmer, so kalt war es. Er beugte sein knochiges Knie und brach das Holz. Das Holz seufzte. Dann roch es mürbe und süß ringsum. Er hielt sich ein Stück davon unter die Nase. Riecht beinahe wie Kuchen, lachte er leise. Nicht, sagten die Augen der Frau, nicht lachen. Er schläft.

Der Mann legte das süße mürbe Holz in den kleinen Blechofen. Da glomm es auf und warf eine Handvoll warmes Licht durch das Zimmer. Dies fiel hell auf ein winziges rundes Gesicht und blieb einen Augenblick. Das Gesicht war erst eine Stunde alt, aber es hatte schon alles, was dazugehört: Ohren, Nase, Mund und Augen. Die Augen mußten groß sein, das konnte man sehen, obgleich sie geschlossen waren. Aber der Mund war offen, und es pustete leise daraus. Nase und Ohren waren rot. Er lebt, dachte die Mutter. Und das kleine Gesicht schlief.

Da sind noch Haferflocken, sagte der Mann. Ja, antwortete die Frau, das ist gut. Es ist kalt. Der Mann nahm noch von dem süßen weichen Holz. Nun hat sie ihr Kind gekriegt und muß frieren, dachte er. Aber er hatte keinen, dem er dafür die Fäuste ins Gesicht schlagen konnte. Als er die Ofentür aufmachte, fiel wieder eine Handvoll Licht über das schlafende Gesicht. Die Frau sagte leise: Schau, wie ein Heiligenschein, siehst du? Heiligenschein! dachte er, und er hatte keinen, dem er die Fäuste ins Gesicht schlagen konnte.

Dann waren welche an der Tür. Wir sahen das Licht, sagten sie, vom Fenster. Wir wollen uns zehn Minuten hinsetzen. – Aber wir haben ein Kind, sagte der Mann zu ihnen. Da sagten sie nichts weiter, aber sie kamen doch ins Zimmer, stießen Nebel aus den Nasen und hoben die Füße hoch. Wir sind ganz leise, flüsterten sie und hoben die Füße hoch. Dann fiel das Licht auf sie.

Drei waren es. In drei alten Uniformen. Einer hatte einen Pappkarton, einer einen Sack. Und der dritte hatte keine Hände. Erfroren, sagte er und hielt die Stümpfe hoch. Dann drehte er dem Mann die Manteltasche hin. Tabak war darin und dünnes Papier. Sie drehten Zigaretten. Aber die Frau sagte: Nicht, das Kind.

Da gingen die vier vor die Tür, und ihre Zigaretten waren vier Punkte in der Nacht. Der eine hatte dicke, umwickelte Füße. Er nahm ein Stück Holz aus seinem Sack. Ein Esel, sagte er, ich habe sieben Monate daran geschnitzt. Für das Kind. Das sagte er und gab es dem Mann. Was ist mit den Füßen? fragte der Mann. Wasser, sagte der Eselschnitzer, vom Hunger. – Und der andere, der dritte? fragte der Mann und befühlte im Dunkeln den Esel. Der dritte zitterte in seiner Uniform: Oh, nichts, wisperte er, das sind nur die Nerven. Man hat eben zu viel Angst gehabt. Dann traten sie die Zigaretten aus und gingen wieder hinein.

Sie hoben die Füße hoch und sahen auf das kleine schlafende Gesicht. Der Zitternde nahm aus seinem Pappkarton zwei gelbe Bonbons und sagte dazu: Für die Frau sind die. Die Frau machte die blassen blauen Augen weit auf, als sie die drei Dunklen über das Kind gebeugt sah. Sie fürchtete sich. Aber da stemmte das Kind seine Beine gegen ihre Brust und schrie so kräftig, daß die drei Dunklen die Füße aufhoben und zur Tür schlichen. Hier nickten sie nochmal, dann stiegen sie in die Nacht hinein.

Der Mann sah ihnen nach. Sonderbare Heilige, sagte er zu seiner Frau. Dann machte er die Tür zu. Schöne Heilige sind das, brummte er und sah nach den Haferflocken. Aber er hatte kein Gesicht für seine Fäuste.

Aber das Kind hat geschrien, flüsterte die Frau, ganz stark hat es geschrien. Da sind sie gegangen.

Sieh mal, wie lebendig es ist, sagte sie stolz. Das Gesicht machte den Mund auf und schrie.

Weint er? fragte der Mann.

Nein, ich glaube, er lacht, antwortete die Frau.

Beinahe wie Kuchen, sagte der Mann und roch an dem Holz, wie Kuchen. Ganz süß.

Heute ist ja auch Weihnachten, sagte die Frau.

Ja, Weihnachten, brummte er, und vom Ofen her fiel eine Handvoll Licht hell auf das kleine schlafende Gesicht.

Quellennachweis

1 Erwartung und Verheißung

Karl Heinrich Waggerl: Advent; aus: Karl Heinrich Waggerl, Und es begab sich.
© Otto Müller Verlag, Salzburg 1953.

Helmut Thielicke: Ungewöhnliche Leute vor der Krippe; aus: Helmut Thielicke, Der Christ
im Ernstfall. Das kleine Buch der Hoffnung. Verlag Herder, Freiburg i.Br.
[4]1981.

Heinrich Albertz: Eine Geschichte – einfach und streng; aus: Erzählbuch zur Weihnachtszeit, hrsg. v. Heidi Kaiser. Verlag Ernst Kaufmann, Lahr/Christophorus-Verlag,
Freiburg i.Br. 1986. © Autor.

Manfred Hausmann: Er löscht den Brand; aus: Manfred Hausmann, Martin, Isabell,
Andreas. © 1973 C. Bertelsmann Verlag München, in der Verlagsgruppe
Bertelsmann GmbH.

Anton Tschechow: Wanjka; aus: Russische Weihnacht. Erzählungen. Hg. v. Alexander
Simon. Aus dem Russischen von Ursula von Wiese. Copyright der dt. Übers.
© 1965, 1986 by Verlags AG Die Arche, Zürich.

2 Himmlische Boten

Wilhelm Willms, welcher engel wird uns sagen; aus: Wilhelm Willms, meine schritte
kreisen um die mitte. neues lied im alten land. © Verlag Butzon & Bercker,
Kevelaer 1984, S. 75.

Hans-Heinrich Strube: Ein seltsamer Weihnachtsengel; aus: Dietrich Steinwede, Engel,
die von Weihnachten erzählen. Gütersloher Verlagshaus, Gütersloh 1992.
© Hans-Heinrich Strube.

Werner Reiser: Der verhaftete Friedensengel; aus: Werner Reiser, Der verhaftete Friedensengel und andere Legenden. Friedrich Reinhardt-Verlag, Basel 1985. © Autor.

Christa Spilling-Nöker: Vom Engel, der die Welt verwandeln wollte; aus: Vom Engel, der die
Welt verwandeln wollte. Geschichten für die Advents- und Weihnachtszeit.
Gesammelt von Jürgen Schwarz. Verlag am Eschbach, Eschbach 1996.

Edith Schreiber-Wicke: Weihnachtspost; aus: Sonja Hartl, Advents- und Weihnachts-
geschichten. Arena-Verlag, Würzburg 1994. © Edith Schreiber-Wicke.

Walter Benjamin: Ein Weihnachtsengel, aus: Walter Benjamin, Berliner Kindheit um
Neunzehnhundert. © Suhrkamp Verlag Frankfurt am Main 1977.

3 Der geheimnisvolle Mann aus Myra

Willi Fährmann: Nikolaus und Jonas mit der Taube. Echter Verlag, Würzburg ⁶1994.

Geno Hartlaub: Gäste im »Stern«; aus: Gerno Hartlaub, Die gläserne Krippe. Moderne
    Weihnachtsgeschichten. Verlag Herder, Freiburg/Basel/Wien ²1985.

Felix Timmermans: Sankt Nikolaus in Not; aus: Felix Timmermans, Der Heilige der
    kleinen Dinge. © Insel Verlag Frankfurt am Main 1974.

Virginia O'Hanlon, Gibt es einen Weihnachtsmann? © by Welt am Sonntag, Hamburg.

4 Festliche Zeit

Bertolt Brecht: Die gute Nacht; aus: Bertolt Brecht, Die Gedichte. © Suhrkamp Verlag,
    Frankfurt am Main 1981.

Selma Lagerlöf: Die heilige Nacht, aus: Selma Lagerlöf, Geschichten zur Weihnachts-
    zeit. © by nymphenburger in der F. A. Herbig Verlagsbuchhandlung GmbH,
    München.

Erich Kästner: Ein Kind hat Kummer; aus: Erich Kästner, Als ich ein kleiner Junge war.
    © Atrium Verlag, Zürich und Thomas Kästner.

Gudrun Pausewang: Was weh tut; aus: Gudrun Pausewang, Frieden kommt nicht von
    allein. Otto Maier-Verlag, Ravensburg 1982. © Autorin.

Catarina Carsten: Kreuzer; aus: Geschichten für die Advents- und Weihnachtszeit.
    Gesammelt von Jürgen Schwarz. Verlag am Eschbach, Eschbach 1996.

Heinrich Böll: Monolog eines Kellners; aus: Heinrich Böll, Erzählungen.
    © 1994 by Verlag Kiepenheuer & Witsch, Köln.

Jules Supervielle: Besuch der Tiere; aus: Ochs und Esel an der Krippe.
    © by F.A. Herbig Verlagsbuchhandlung GmbH, München.

Pearl S. Buck: Der Weihnachtsgeist; aus: Pearl S. Buck, Weihnachtssterne. Erzählungen.
    Aus dem Amerikanischen von Ursula von Wiese. Copyright der dt. Übers.
    © 1960 by Verlags AG Die Arche, Zürich.

Barbara Bartos-Höppner: Die zwölf Fremden; aus: Erzählbuch zur Weihnachtszeit, hrsg.
    v. Heidi Kaiser. Verlag Ernst Kaufmann, Lahr/Christophorus-Verlag,
    Freiburg i.Br. 1986. © Autorin.

Willi Fährmann: Paco baut eine Krippe. Echter-Verlag, Würzburg 1993.

Margret Rettich: Die Landstraßengeschichte, aus: Margret Rettich, Wirklich wahre Weih-
    nachtsgeschichten. © 1976 by Annette Betz Verlag, Wien/München.

5 Erinnerungen

Thomas Mann: *Weihnacht bei Buddenbroocks*; aus: Thomas Mann, Buddenbrooks.
  © S. Fischer Verlag, Berlin, 1901.
Marie-Luise Kaschnitz: *Alle Jahre wieder*; aus: Marie-Luise Kaschnitz, Werke, Band 4.
  © Insel Verlag Frankfurt am Main 1983, S. 364.
Theodor Storm: *Da stand das Kind am Wege*; aus: Theodor Storm, Gesammelte Werke.
  Bd. 2: Immensee und andere Novellen (Insel-Tb). Insel Verlag, Frankfurt am
  Main o.J..
Karl Krolow: *Eine Weihnachtserinnerung, die ich nicht vergaß*; aus: Erzählbuch zur Weih-
  nachtszeit, hrsg. v. Heidi Kaiser. Verlag Ernst Kaufmann, Lahr/Christophorus-
  Verlag, Freiburg i.Br. 1986. © Luzie Krolow.
Ernst Wiechert: *Selige Zeit*; aus: Ernst Wiechert, Wälder und Menschen. © by Langen
  Müller in der F. A. Herbig Verlagsbuchhandlung GmbH, München.
Willi Fährmann: *Der Weihnachtswolf*, aus: Willi Fährmann, Unter der Asche die Glut.
  © 1997 by Arena Verlag GmbH, Würzburg.
Heinz Rühmann: *Das hätt' ich fast vergessen*; aus: Heinz Rühmann, Das war's. Ullstein-
  Buchverlage, Berlin 1985.
Marie-Luise Kaschnitz: *Weihnachten in Königsberg*; aus: Marie-Luise Kaschnitz, Werke,
  Band 3. © Insel Verlag Frankfurt am Main 1982, S. 612/613.
Luise Rinser. *Schaufel und Besen*; aus: Luise Rinser, Weihnachts-Triptychon.
  © 1963 by Verlags AG Die Arche, Zürich

6 Im Zeichen des Sterns

Hans Habe: *Der Weihnachtsmann, der Smith hieß*, aus: Hans Habe, Weihnachts-
  geschichten. © 1984 by F. A. Herbig Verlagsbuchhandlung, München/Berlin.
Manfred Hausmann: *Martin entdeckt den Weihnachtsstern*; aus: Martin Hausmann,
  Martin, Isabel, Andreas. © 1973 C. Bertelsmann Verlag München, in der
  Verlagsgruppe Bertelsmann GmbH.
Wolfgang Borchert: *Die drei dunklen Könige*; aus: Wolfgang Borchert, Das Gesamtwerk.
  Copyright © 1949 by Rowohlt Verlag, Hamburg.

Weitere Lesebücher für die Weihnachtszeit

ELISABETH HURTH (Hrsg.), ZUR STILLEN ZEIT

Die schönsten Geschichten und Legenden für Advent und Weihnachten

256 Seiten mit s/w Abbildungen und Lesebändchen, Pappband — ISBN 3-451-27031-5

Gerade die adventliche und weihnachtliche Zeit hat Dichter, Denker und Literaten inspiriert, dem Geheimnisvollen um Engel und Hirten, Kind und Königen, Krippen und Gaben auf die Spur zu kommen. In diesem sorgfältig edierten Weihnachtslesebuch folgt die versierte Herausgeberin dem Weg der Dichter und SchriftstellerInnen in den Raum der Stille, die sich von Weihnachten her auf die Erde senkt.

WEIHNACHTEN MIT PHIL BOSMANS

Texte für alle Tage der Advents- und Weihnachtszeit

Übertragen und hrsg. von Ulrich Schütz

96 Seiten mit farbigen Abbildungen, Halbleinen — ISBN 3-451-27183-4

Auf seine Weise, die schon so viele Menschen tief berührt und im Herzen angesprochen hat, sagt Phil Bosmans, der große flämische Menschenfreund und bekannte Autor, was Weihnachten heute bedeutet und worauf es ankommt. Nicht zuletzt durch 38 meisterhafte Farbfotos wird der Band zu einem besonderen Geschenk.

WEIHNACHTEN MIT HENRI NOUWEN

Texte für alle Tage der Advents- und Weihnachtszeit

Ausgewählt und hrsg. von Franz Johna

96 Seiten mit Farbbildern, Halbleinen — ISBN 3-451-27324-1

Besonders schöne, inspirierende und anregende Gedanken für die Advents- und Weihnachtstage von Henri Nouwen, ausgewählt aus seinem Gesamtwerk. Beim Lesen fühlt man sich — wie die Weisen auf ihrer Wanderung, wie die Hirten auf dem Feld — mitgenommen auf den Weg der eigenen Menschwerdung, auf den Weg der Suche nach dem Stern, der zum Wesentlichen führt.

HERDER